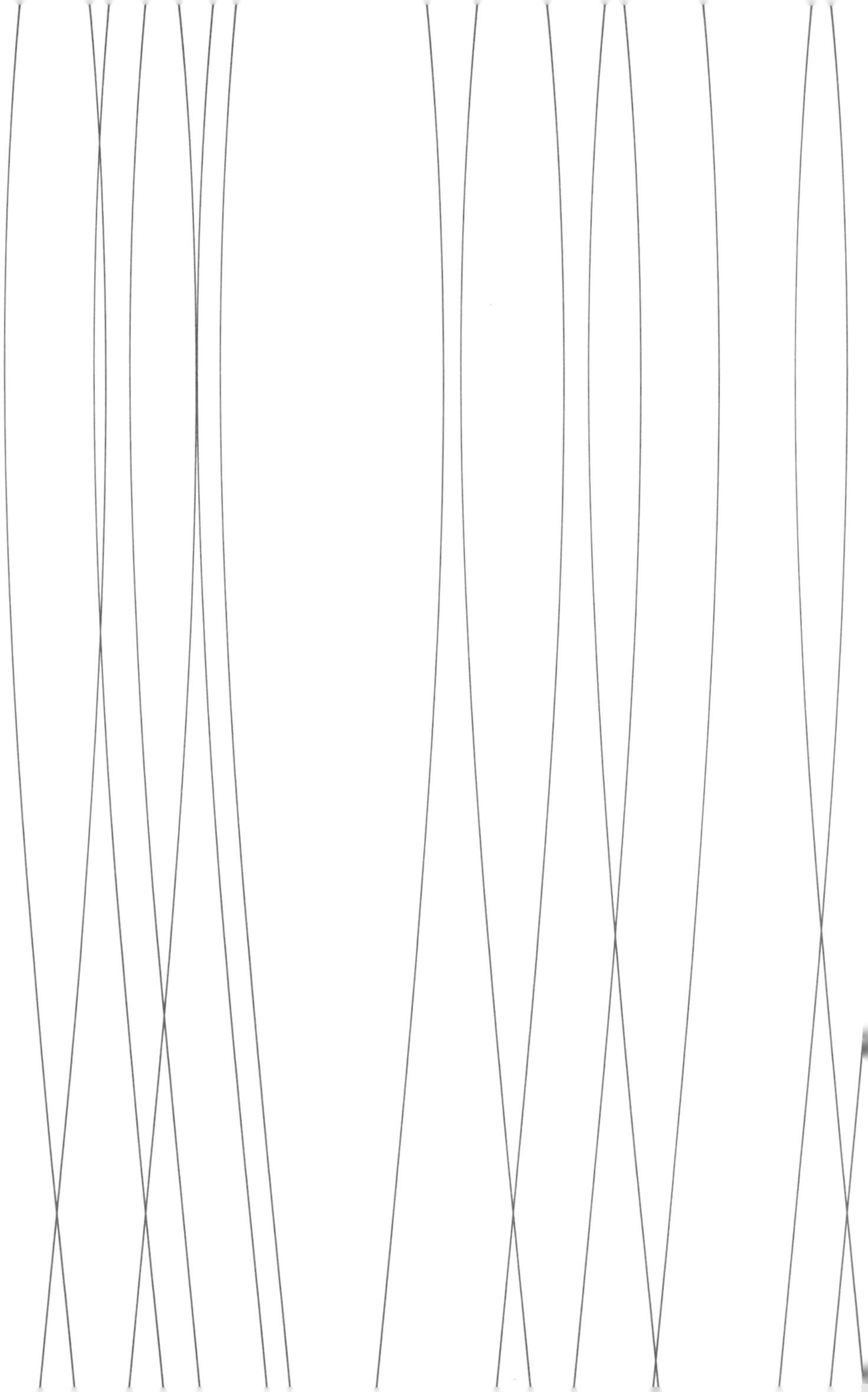

黃金之葉

行進於知識的密林裡，
途徑如此幽微。
我們尋覓一些參天古木，作爲指標，
我們也收集一些或隱或現的黃金之葉，引爲快樂。

黃
金
之
葉
33

Net and Books 網路與書

烏托邦

Utopia

作者：湯瑪斯・摩爾（Thomas More）
譯者：吳盈慧
責任編輯：沈子鈺
校對：關惜玉
封面設計：張士勇
內文排版：宸遠彩藝
印務統籌：大製造股份有限公司

出版者：英屬蓋曼群島商網路與書股份有限公司台灣分公司
發行：大塊文化出版股份有限公司
台北市 105022 南京東路四段 25 號 11 樓
www.locuspublishing.com
TEL：(02)8712-3898　FAX：(02)8712-3897
讀者服務專線：0800-006689
郵撥帳號：18955675　戶名：大塊文化出版股份有限公司
法律顧問：董安丹律師、顧慕堯律師

總經銷：大和書報圖書股份有限公司
地址：新北市 24890 新莊區五工五路 2 號
TEL：(02)8990-2588　FAX：(02)2290-1658

初版一刷：2024 年 8 月
定價：新台幣 350 元
ISBN：978-626-7063-80-4

烏托邦

Thomas More 著
湯瑪斯・摩爾

吳盈慧 譯

UTOPIA

目錄

譯者序

十五世紀出生的湯瑪斯・摩爾，於十六世紀以拉丁文創作了《烏托邦》一書。到了十七世紀，與摩爾有著近似遭遇的吉伯特・伯納特（Gilbert Burnet）[1]，把此書翻譯成英文。二十一世紀的今天，譯者再把伯納特的英文譯本翻譯入中文，此時距離拉丁原作已有五百年，也與伯納特的英文譯本相隔了四百年。譯者在翻譯的過程之中，首個遇到的問題，自然就是語言本身了。十七世紀的英文表達方式與選字用字，在今日看來已顯得過時，有時意義甚至還全然不同，因此除了勤勞翻查字典，譯者也運用在臺師大翻譯所博士課程裡學習兩年的拉丁文，藉由解

1　編註：伯納特，蘇格蘭歷史學家、哲學家，曾任索爾茲伯里主教。

讀拉丁文來進一步確認摩爾的原意。

以現代眼光看來，不論是摩爾的拉丁文，還是伯納特的英文，《烏托邦》都是一本艱澀難懂的書籍，語法結構複雜、修辭手法迴異、句型冗長，得花費許多氣力與精神才能讀懂其中的涵義。因此，抉擇翻譯策略時，譯者決定與時俱進，採用現代中文詮釋本書，而非選用相應於十七世紀古英文的中文古文，又因為書中內容是以對話組成，因此用字也傾向以口說呈現。這麼做的主要用意，自然是希望讀者能輕鬆讀完本書，不會感到過於吃重。然而，譯者卻也刻意保留原文隨處可見的「雙重否定」（double negative），這種負負得正的修辭法，在追求效率溝通的現代顯得囉唆、拐彎抹角，但卻能彰顯出摩爾試圖鼓勵哲學性思考的意圖，同時也可挑戰一下中文讀者的閱讀樂趣。至於虛構的人名與譯名，譯者大多以拉丁文的發音，以音譯方式處理。

「烏托邦」是個理想國、是個快樂無憂之地、是個人人都嚮往的國度，但其實根本就是個不存在的虛構國度。儘管如此，繼摩爾之後，世代人們持續憧憬著這個地方，說明了人類有著共有的渴望與需求。對現代人而言，簡樸有序、共享財產、與大地共處的烏托邦社會，依舊是充滿了吸引力，原因不外乎是因為烏托邦文化可以解決不少現代人遇到的問題。舉例來說，當代社會孤立問題，因為網路、個人主義、COVID疫情等種種原因，導致現代人一整天都沒有個講話對象，更別提談心的機會，但烏托邦社會講求共同生活，鼓勵用餐時間世代可以交流往來，顯得別具凝聚力，更不用擔心孤立行為引發的孤獨、自殺等問題。此外，烏托邦社會對病患尤其悉心照料，還保證有工可做、更享有教育學習的機會，整體生活顯得更為有保障，豈不是現代人夢寐以求的生活模式。

支撐烏托邦社會運作的是公眾價值觀，由於財產共有的關係，需要什麼就索取什麼，根本就不需要交易用的貨幣，也因為沒有匱乏之感，所以人不會貪心。就連貴金屬在烏托邦社會裡的地位，也顯得十分有趣。烏托邦人把黃金用來做成便壺和便座，也做成限制犯人行動的鎖鏈。當黃金成了排泄物的去處和限制自由的枷鎖，那又怎會享有什麼特殊待遇呢？如此一來，由於其他鄰國十分看重黃金，打仗時烏托邦也需要拿出黃金來交易，但因為人民不看重黃金，也不會捨不得，所以一有需要，烏托邦人民就會願意拿出身邊的黃金。

就現代而言，烏托邦的魅力終究是落在社會改革與理想國度的概念方面，而烏托邦總能啟發社會學、政治學等領域的研究。藉由探討烏托邦的社會制度，反思現實社會，思索可以進行改善的地方，追求公正、和睦的社會。另外，在文學領域裡頭，由烏托邦而起的創作蓬勃發展，甚至還興起了「反烏托邦文學」，反烏托邦是一種極端壓抑和控管的社會制度，人們的生活既絕望又無奈。無論是哪一種文學創作，總是能激發人類討論，學習捍衛自由與人權，也探索良善社會的可能性。

《烏托邦》這麼一本書，影響力竟是如此之大，原因應該就是因為人類具備了宇宙間的奧祕思考能力，所以想必這道哲學議題依舊會持續熱燒，也算是達成了摩爾的心願。

前言

一四七八年，湯瑪斯．摩爾爵士出生於倫敦市牛奶街，父親約翰．摩爾爵士（John More）是服侍國王的法官。摩爾先是到針線街的聖安東尼學校就學，爾後還是小男孩的他就被送到樞機主教約翰．莫頓（John Morton）的家中，莫頓身兼坎特伯里大主教與大法官。那個年代，有錢或有勢的人士，時常會與好人家的兒子，建立起庇護者與依附者的關係，年輕人會穿上庇護者的家僕制服來提升自己的地位，而庇護者還會運用自己的財富或影響力，協助受助年輕人日後的發展。樞機主教莫頓早年出任伊利主教時，被理查三世（Richard III）送到倫敦塔坐牢，從此之後便一直仇視理查三世，後來擔任了亨利七世（Henry VII）的首席顧問，並於一四八六年被任命為兼坎特伯里大主教，九個月後就出任大法官。

樞機主教莫頓曾在餐桌追憶「烏托邦」，表示見到年輕有為的湯瑪斯．摩爾感到欣慰，還如此說道：「誰能活到嘗試烏托邦的作法，就能見證到這位在餐桌旁等待的孩子是不多見的出色人才。」

十九歲左右，庇護者把湯瑪斯．摩爾送到牛津大學的坎特伯里學院，跟隨第一批從義大利把希臘研究帶到英格蘭的學者威廉．格羅辛（William Grocyn）和湯瑪斯．李納克爾（Thomas Linacre）學習希臘文。李納克爾是名醫生，創辦了內科醫師學院，後來還成為神父。到了一四九九年，摩爾離開牛津，來到倫敦的林肯律師學院學習法律，隔年樞機主教莫頓就過世了。

性格嚴謹的摩爾在學習法律期間，立志於抑制肉體的欲望，身穿苦衣[1]，拿木頭當枕頭，並會在週五鞭打自己的軀體。二十一歲時，摩爾進入到議會，就在被召入法庭過後沒多久，即被任命為倫敦副司法處長。一五〇三年，亨利七世提出要資助女兒瑪格麗特（Margaret Tudor）婚嫁費用的議案，但摩爾在下議院極力反對，所以議案最後也就被否決了。後來有個人前去告知國王，有個鬍鬚都還沒有長齊的年輕人辜負了國王的全部期望。因此，亨利七世晚年期間，摩爾深陷在國王對自己的不滿之中，也因而萌生了要離開這個國家的念頭。

一五〇九年四月，亨利七世過世，此時摩爾剛滿三十歲。亨利八世（Henry VIII）在位的最初幾年裡，摩爾在法庭上大有施展。據稱，摩爾拒絕為自認為不公的案件辯護，也不向寡婦、孤兒、窮人收取費用。此外，摩爾原本想娶的女子是居住於艾塞克斯郡新霍爾的貴族約翰．柯爾特（John Colt）的二女兒，但最後卻選擇了姊姊，因為這樣姊姊就不會因為妹妹先結婚而名譽掃地。

一五一三年，湯瑪斯．摩爾依然是倫敦副司法處長，據說這段時期編寫了《愛德華五世國王的一生，與理查三世的篡位過程》（*History of the Life and Death of King Edward V., and of the Usurpation of Richard III*）一書。由於書中內容恰似有庇護者莫頓的觀點與知悉的內情，所以一直到一五五七年才出版，此時

1 譯註：Hair shirt，天主教徒修行時穿的粗糙服裝。

作者都已過世二十二年之久，且還是以摩爾的手寫稿直接印刷成書。

一五一五年，教宗利奧十世（Leo X）任命約克大主教沃爾西（Thomas Wolsey）為樞機主教，而亨利八世也任命沃爾西為大法官。自此開始，一直到一五二三年為止，國王和樞機主教以絕對權威統治英格蘭，完全沒有召集議會。一五一五年五月的時候，摩爾尚未被封為爵士，與卡思伯特·滕斯托爾（Cuthbert Tunstall）等人一起前往低地諸國[2]，與當時唯一的奧地利大公查理五世（Charles V）[3]的大使，協商續約結盟一事。由於此趟外交任務的緣故，當時約莫三十七歲的摩爾有六個月的時間沒有在英格蘭，並在比利時安特衛普結識了彼得·基爾斯（Peter Giles，拉丁文為Ægidius），基爾斯是位彬彬有禮且博學的年輕人，時任安特衛普市政府的祕書。

當時，滕斯托爾是位竄升出頭的神職人員，出任坎特伯里大主教的大臣，一五一五年被任命為切斯特副主教，並於隔年五月被任命為法院主事官。一五一六年，滕斯托爾再次被派往低地國家，摩爾隨行一起前往布魯塞爾，此趟旅程期間，兩人與伊拉斯姆斯（Desiderius Erasmus）建立起親密的友誼。

摩爾以拉丁文撰寫了《烏托邦》，此書共分為兩個部分。第二個部分描述了「烏托邦」這個地方（希臘文為 Outopos，或是拉丁文 Nusquam，但摩爾有時在信中也稱之為 Nowhere），完成撰寫的時間點可能是落在一五一五年底；而第一個部分是引介的內容，約莫完成於一五一六年初。此書於一五一六年底在比利時魯汶首次印刷發行，由伊拉斯姆斯、彼得．基爾斯，以及摩爾在法蘭德斯的幾位朋友負責協助編輯。一五一八年十一月，摩爾完成修訂，並交由弗羅貝尼烏斯（Johannes Frobenius）[4]在瑞士巴塞爾印刷發行。此外，此書也在巴黎和維也納再次印刷發行，但摩爾有生之年從未在英格蘭印刷發行。英格蘭於一五五一年首次發行英文譯本，時值愛德華六世（Edward VI）統治時期，譯者為英國學者

2　編註：低地諸國（The Low Countries），指荷蘭、比利時、盧森堡三國。

3　編註：查理五世，身兼神聖羅馬皇帝、奧地利大公、西班牙國王和低地諸國君主，為哈布斯堡家族（Habsburg）的代表人物之一，開啟了西班牙日不落帝國時代。

4　譯註：當時知名的印刷出版家。

拉爾夫．羅賓遜（Ralph Robinson）。一六八四年，吉伯特．伯納特運用更出色的文學技巧再次英譯此書。當時伯納特經歷了為朋友威廉．羅素勳爵（William Russell）辯護後，親眼看著羅素被處決，雖然後來又證明了羅素的清白，但詹姆斯二世（James II）卻為此懷恨在心，因而剝奪了伯納特在聖克萊門特的講師工作。伯納特之所以會投入翻譯《烏托邦》，原因就跟摩爾會寫下這本書一樣：位居高位者的不合理作為。此版英文譯本，正是伯納特的譯本。

本書書名為英語帶入了一個形容詞，從此我們稱呼不切實際的計畫「很烏托邦」（Utopian）。不過，在戲謔故事情節的面紗下，談論的內容卻是十分認真，更提供了充足的實務建議。此本著作乃是一位博學聰穎的英國人的作品，以自己的方式抨擊了那個年代主要的政治與社會弊端。摩爾以敘述實情為開端，講述了自己與卡思伯特．滕斯托爾為何會一起被派往法蘭德斯，「他深受大家喜愛，最近國王還封他為法院主事官」，也談論了查理五世的大使與他們在比利時布魯日會面的狀況，以及他們一行人返回到布魯塞爾等候指示的情形，此外也描述了摩爾後來去了安特衛普，在此因為結識了彼得．基爾斯，藉此緩解想再次見到妻兒的渴望，這時他已離家四個月。隨後，劇情隨著拉斐爾．希適婁岱（Raphael Hythloday，姓氏由希臘文 Huthlos 和 Daiein 組成，意指「散布胡言亂語者」；若與名字一同解讀，便有「大天使散佈胡言亂語」之意）的出現，開始進入到虛構情節，此人曾與亞美利哥．維斯普奇（Amerigo Vespucci）一起參加了最後三次前往剛發現的新大陸航行，這些航行的內容載於於一五〇七年首次印刷的書籍裡頭，也就是《烏托邦》著作完成前九年的作品。

《烏托邦》一書的細節規劃非常出色，乃是出自一位讀過柏拉圖（Plato）《理想國》（*Republic*）[5]的學者之手，更在閱讀了普魯塔克（Plutarch）對來古格士（Lycurgus）統治的斯巴達生活的描述之後[6]，加深虛構的幻想內容。理想

5 編註：柏拉圖，古希臘哲學家，「希臘三哲人」之一，《理想國》為其最知名之著作，以對話體的形式討論正義為何、正義的城邦與其秩序和角色以及正義之人。

6 編註：普魯塔克，活躍於公元一世紀後半、二世紀初期的希臘哲學家、歷史學家。其著作記錄了斯巴達文化、俗語以及多位偉人，其中包括傳說中斯巴達政治、教育以及軍事改革的創始人來古格士的事蹟。

共產主義的面紗之下，運用詼諧鋪張的手法，揭露出高尚的英格蘭論點。有時摩爾會把英格蘭的事務說成是發生在法蘭西，有時也會帶著諷刺口吻讚美國王追隨基督教的善意作為，以避免本書被斥責為針對亨利八世政策的政治攻擊。一五一七年，伊拉斯姆斯寫信給朋友，表示對方若還沒讀過摩爾的《烏托邦》，那自己應該要寄一本過去，同時「期望能看到所有政治罪惡的真實根源」。此外，伊拉斯姆斯寫信給摩爾，談到這本書的時候寫道：「來自安特衛普的一位官員非常喜歡這本書，所以對整本書的內容瞭若指掌。」

亨利・莫利（Henry Morley）[7]

7 編註：亨利・莫利，英國當地最早開始教授英國文學的教授之一，曾於倫敦大學學院任教，學生包括印度文豪泰戈爾（Rabindranath Tagore）。

湯瑪斯・摩爾致彼得・基爾斯函

我親愛的彼得・基爾斯，我幾乎是帶著羞愧把這本關於烏托邦的書寄給你。我知道你過了一個半月就想讀這本書了，我卻在將近一年之後才把它寄給你。當然，你一定很清楚，我寫這部作品，不必付出的任何勞苦、不必鑽研，我根本不需要為了如何處理或轉達這件事而費神費力。除了把我們倆一起聽拉斐爾先生講述的那些事情重新描述一遍之外，我不需要再做其他事。我也沒有理由去鑽研如何用動人的語句來說明這件事，因為他的談話本身就不是精煉的、雄辯的；因為他的談話不是經過事先研究的，而是即興的、沒有事先計畫的。而且，正如你所知，拉斐爾的希臘文要比他的拉丁文好。我的寫作越是接近他那樸實無華的話語，就越是接近真理——我唯一的目標，我應該把一切心血和鑽研投入其中，而我也正是這麼做。

我的好友彼得啊，我承認，我幾乎不須付出任何勞苦，一切都已經準備好了，我實在沒有什麼可做的。無論是創作還是準備材料，都需要一個既不笨又不是不學無術的心智，花費一些時間和閒暇，還得進行一些鑽研。但是，如果這件事還必須寫得動人，而不僅僅是真實，那肯定不是我不多花時間、不多多鑽研便能做到的。現在，所有這些煩惱、耽擱和阻礙都被消除了，我本該在其中付出如此多的勞動和研究，現在卻不用去做其他事，只需將我聽到的事情原原本本地寫出來，這的確是一件輕而易舉的事情。儘管如此，我其他的憂慮和煩惱幾乎讓我無暇顧及、處理這一點點小事。我每天都把時間花在法律事務上：有時去辯護，有時去聽證，有時做為仲裁人裁決，有時做為裁判或法官，討論我的判決。我一方面去看望、拜訪我的朋友，另一方面去處理自己的私事。我幾乎整天都在外和別人待在一起，回到家則和自己的家人在一起，幾乎沒有時間留給自己、留給我的研究。

我回到家時，必須和妻子交流，陪孩子聊天，與僕人交談。我把這些事情都當成工作，因為我必須去做這些事。除非一個人願意在自己家裡做一個陌生人，否則就必須要做到這些事。無論如何，一個人必須盡可能地讓他周遭的人覺得自己是好相處的，才能使他在大自然所提供，或是機會所創造的，抑或是他自己所選擇的夥伴和生活伴侶之間獲得快樂、喜悅、和諧。這麼一來，他就不會因為過於溫和的行為和熟識而寵壞他們，也不會因為過於忍讓而使他的僕人成為他的主人。在這樣反覆上演的事情之中，我被偷走了數日、數月、數年。我到底何時才能寫作呢？

至此，我一直還沒有提到睡眠，也沒有提到用餐。吃飯浪費的時間不比睡覺少，而人的時間幾乎有一半是在睡眠時耗費的。因此，我只能從睡覺和吃飯中偷得一些時間。這些時間雖然很少，但還是有的，因此，我終於完成了《烏托邦》，並把它寄給了彼得你。如此一來，你閱讀時若有發現什麼遺漏，便可提醒我。雖然在記憶力這一點上，我沒有那麼不信任自己（但願上帝能讓我的智慧和學識跟記憶力一樣好，因為我並不是記憶力最差、最遲鈍的人），但我對自己記憶力的信任和信心，並沒有大到讓我認為沒有任何事能從我的腦海中消失。

你知道，當時我的孩子約翰．克萊門特（John Clement）[1]，也和我們在一起。我不允許他不參與任何有益或對他有幫助的討論（因為這棵種子已經開始長出拉丁文和希臘文的嫩芽，而我期待最後會長出豐碩成熟的穀粒）。他讓我產生了極大的懷疑。希適婁岱說過（如果我沒記錯的話），阿卯羅特的橋橫跨安尼德河[2]，全長五百步，也就是八百公尺；而約翰卻說，必須拿掉其中的兩百步，因為河本身的寬度不超過三百步。我衷心希望你記得那座橋到底有多長。如果你記得的長度跟約翰一樣，我就承認是我搞錯了，照你記的數字改。但如果你想不起這件事，那我就維持目前依照自己記憶所寫的。

我非常小心謹慎，不讓我的書中有任何虛假的內容，就算書裡有任何疑問，我寧可重述謊話，也不願意主動撒謊，因為我寧可做個好人，也不願做個聰明人。若你能不厭其煩地向拉斐爾本人詢問這個問題（如果他現在和你在一起的話），或者透過信件問問他，這個問題就很容易解決了。你在詢問時，還有另一個已經出現的疑問，請務必順便代我發問。我不知道是誰的錯，是我的錯、你的錯，還是拉斐爾的錯——我們竟然都忘了向他打聽烏托邦究竟在新世界的哪個地方，而他本人也忘了和我們說明；我寧願花一大筆錢來解決這個問題，也不希望讓這件事被遺漏。我寫了這麼長的文章，卻不知道那個島在什麼海上，實在讓我感到羞愧；而且我們之中肯定有一些人——尤其是一位虔誠、敬虔的人——一定非常想去烏托邦，他不是出於虛榮以及對新事物的好奇，而是為了進一步發展和壯大我們在那裡已經開始的宗教。為了能夠確實完成這一美好願望，他打算請總主教大人把他派到那裡去，是的，讓自己成為烏托邦的主教；在這件事情上，他沒有任何顧慮，只希望能夠順利地獲得這個主教職位，因為他認為那是個虔誠的

1 編註：約翰．克萊門特，英國內科醫師、人文主義者，曾居住在摩爾家中，擔任其兒女之家教。據聞摩爾視克萊門特如己出並全心栽培他。

2 編註：阿卯羅特（Amaurot），古希臘文 amaurtum 之變體，意即「晦暗不明的城市」或「鬼城」。安尼德河（Anyder），古希臘文 anydros 之變體，意即「無水」。

請求，不是出於對榮譽或金錢的渴望，純粹出於虔誠的熱心。

因此，我懇切地希望你，我的朋友彼得，如果可以的話，與希適婁岱面對面交談，或者寫信給他，唯有這樣做才能使我的這本書既沒有不真實，也沒有缺少任何的真實。我想，若能把這本書拿給他就太好了，因為如果我在任何地方有缺漏或失誤，或者有我沒發現到的錯誤，沒有比希適婁岱更適合修改內容、糾正我的人了，然而，除非他仔細閱讀過我寫的這本書，否則他也沒有辦法做這件事。此外，透過這種方式，你便能看出他是否願意讓這部著作被我寫成文字，並因而感到滿意。如果他打算自己出版、發表他的心血和研究，他可能會不願意我捷足先登。我也一樣，不希望我出版《烏托邦》會阻止、奪走他這段新穎故事將帶給他的的獻花和風采。

儘管如此，說句實話，我還沒有完全確定是否要出版這本書。人的天性千差萬別，有些人的幻想是如此不切實際，思想是如此不近人情，判斷力是如此墮落，以至於他們追隨自己的感官享樂和肉體欲望而過著快樂、嬉戲的生活；有些人則為了出版和發表一些東西，導致自己憂心忡忡、寢食不安。相較之下，前者過的似乎好得多，因為後者想發表的這些東西或許能給他人帶來好處或快樂，但他人卻可能輕蔑、不友善、不屑地看待這些東西。

大多數人不學無術，很多人甚至蔑視學問。粗魯野蠻的人只允許野蠻的東西存在。如果一個人有點學識，那些沒有塞滿陳舊蛀蟲的字眼，沒有破舊不堪的東西便不會被他當作熟悉的日常用品。有些人只對古老的鄉村古物感興趣，有些人只對自己的所作所為感興趣。有些人個性很糟、脾氣暴躁、令人討厭，以至於厭惡歡笑和遊戲；還有些人心胸如此狹窄，以至於不能忍受任何玩笑或嘲諷。有些愚蠢可憐的人，生怕自己的鼻子被活潑的字句咬掉，害怕每一句伶俐、尖銳的話，就像被瘋狗咬過的人害怕水一樣。有些人變化無常，搖擺不定，每個小時都有新的想法，坐著時說一件事，站起時又說另一件事。另一種人則坐在凳子上，在觥籌交錯之間評判作家的智慧，並以極大的權威，隨意譴責每一個作家，以最唾棄的方式嘲笑和蔑視他們的文章，他們自己卻正如俗話所說的，待在沒有任何槍彈危險的安全之處。他們如此自以為是，如此滑頭，連一根可以讓人揪住的誠實人的毛髮都沒有。此外，還有一些人如此不仁不義，雖然他們在作品中得到了極大的快樂和享受，但他們心中卻找不到對作者的愛，也不會對他說一句好話。他們就像不懂禮貌、不懂感恩、不懂禮數的客人，用美味的佳肴填飽肚子後，不向宴會的主人致謝就離開了。你們就走吧，自己花錢為那些如此挑嘴、口味如此不同，而且天性如此不友善、不知感恩的客人準備一桌昂貴的宴席吧。

但儘管如此，我的朋友彼得，我還是希望你能像我稍早囑咐的那樣，與希適婁岱討論討論，之後我便能心甘情願地接受新的建議。鑑於我花了很大的精力和心血來書寫這件事，我願意以符合他的想法和意願的方式，來修正、出版這本書。我將聽從我的朋友們——尤其是你——的建議和意見。再會了，我衷心疼愛的朋友彼得，祝你和你溫柔的妻子一切順利，希望你一如既往地愛我，因為我比以往任何時候都更加愛你。

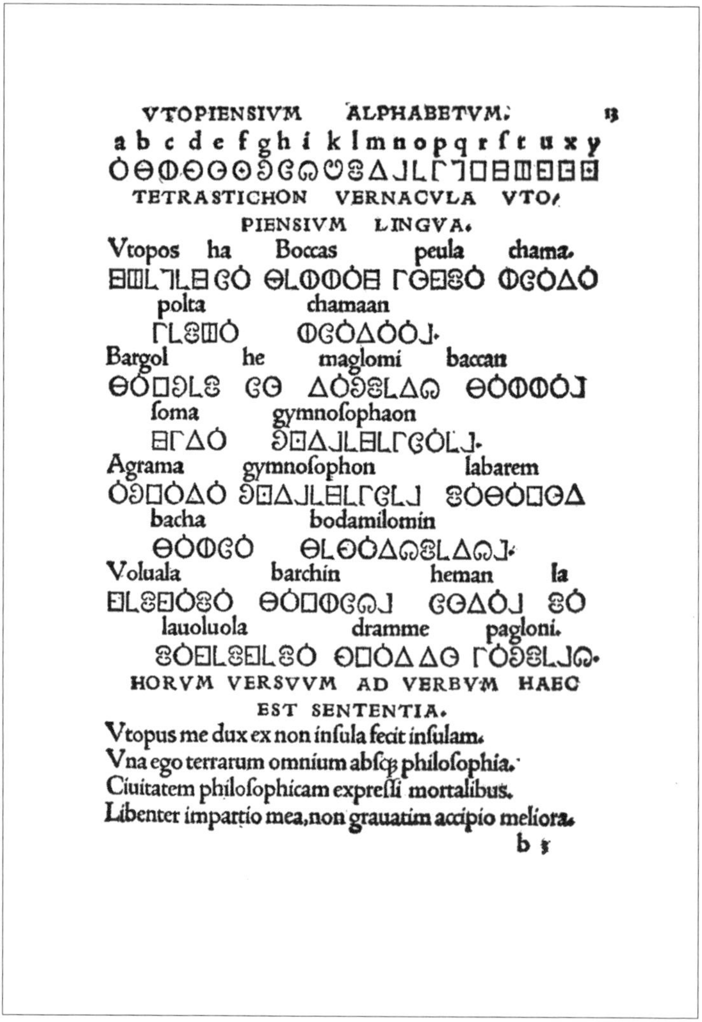
VTOPIENSIVM ALPHABETVM. 13

a b c d e f g h i k l m n o p q r ſ t u x y

TETRASTICHON VERNACVLA VTO-
PIENSIVM LINGVA.

Vtopos ha Boccas peula chama.
polta chamaan
Bargol he maglomi baccan
ſoma gymnoſophaon
Agrama gymnoſophon labarem
bacha bodamilomin
Voluala barchin heman la
lauoluola dramme pagloni.

HORVM VERSVVM AD VERBVM HAEC
EST SENTENTIA.

Vtopus me dux ex non inſula fecit inſulam.
Vna ego terrarum omnium abſq; philoſophia.
Ciuitatem philoſophicam expreſſi mortalibus.
Libenter impartio mea, non grauatim accipio meliora.

b 3

烏托邦文和拉丁字母對照表

第一部

一次由傑出的拉斐爾・希適婁岱所主持的討論，關於一個共和國的最理想狀態，由知名的英國倫敦市民、副司法處長湯瑪斯・摩爾記錄

旅行者拉斐爾・希適婁岱

亨利八世，未曾戰敗的英格蘭國王，更有甚者，這位君王還具有所有偉大的君主都適於擁有的美德。國王與最祥和的卡斯提亞王子查理有了些不算小的意見分歧，所以差派我到法蘭德斯處理他們兩人之間的事務。與我同行共事的是才子卡思伯特・滕斯托爾，深受大家喜愛，最近國王還封他為法院主事官，對此我不多說些什麼，倒不是因為擔心作為他的朋友，我的證詞會讓人生疑，而是因為滕斯托爾的學識和美德對我來說太卓越了，所以我無法評斷些什麼。況且這是眾所周知的，根本就不需要我再來稱讚些什麼，不然就成了俗話所說的：「提著燈籠照太陽。」

查理王子差遣前來與我們協商的使者，按著協議內容在布魯日與我們會面，他們全都是相當受到敬重的人士。為首的是布魯日市長，也是他們之中的主要負責人。不過，公認最為聰明的一位，乃是代表其他人發言的卡賽爾西首長喬治・特姆斯（George Temse），他的口才同時既有天資亦有後天的培育，在法律方面也有高深的學識，且因為能力很強，加上長期的實務經驗，所以能夠靈巧處理各種議題。我們雙方人員會談了數次，卻都沒有達成協議。隨後，對方一行人便去了布魯塞爾好幾天，打算釐清查理王子的心意。同時，我也起身前往安特衛普去處理一些公事。

在安特衛普時，有許多人來拜訪我，其中有位比起其他人我更樂意交流的人士，此人便是彼得・基爾斯。本地出生的彼得非常有名望，在當地享有崇高的地位，但他值得擁有更好的聲望、更高的地位，因為我不知道在哪裡可以找到比彼得更有學問、更有教養的年輕人了。而且，彼得還是位了不起且非常有見識的人，所以待人相當有禮貌，對朋友尤其友善。為人如此坦率、親切，或許在任何地方都找不到一、兩個人可以超出彼得的人了。就各方面來說，彼得是位十分完美的朋友，相當謙虛，也不矯情；他既明智卻仍保持單純，這點沒人比得上他。

與彼得的談話如此討喜又單純愉快，有了他的陪伴大大減少了我想回國見妻小的渴念，畢竟離家四個月已大幅加重了我的思鄉之情。

聖母主教座堂是當地最多人去的教堂，一天彌撒結束返家時，我意外看到彼得和一位陌生人在交談。這陌生人似乎過了花甲之年，臉晒得黝黑、留著長長的鬍鬚，身上隨意披了件斗篷。根據這樣的外表和舉止，我斷定此人是名水手。

彼得一見到我，隨即走來跟我打招呼，正當我要回禮問候時，他卻把我拉到一邊，指著在跟他談話的那個人說道：「有看到那個人嗎？我才在想要把他介紹給你認識。」

「既然是你介紹的，我自然很樂意認識他。」我如此回答。

「如果你認識這個人，就會知道他本人就很值得你認識，」彼得回答道，「因為現今沒有一個活著的人，能夠像他這樣滔滔不絕講述那些未知的民族與國家！而且，我知道你會非常想要聽到這些內容。」

「那麼，」我說，「我果然完全沒有猜錯！看他第一眼時，我就認為他是名水手。」

「那你可就大錯特錯了，」彼得說道，「因為他的航行可不是帕里努洛斯（Palinurus）那種，反而比較像是尤利西斯（Ulysses）的[3]，甚至應該說是柏拉圖的航行法。這位拉斐爾的家族姓氏是希適婁岱。他可不是不懂拉丁語，倒是特別精學了希臘文，所以比起拉丁文，拉斐爾刻意多費心思投入希臘文，因為他決定投身哲學，也清楚除了塞內卡（Seneca）和西塞羅（Cicero）的著作以外[4]，羅馬人並沒有留下什麼有價值的東西。拉斐爾出生在葡萄牙，因為非常渴慕到世界各地看看，因此索性把家產分給自己的兄弟，跟著亞美利哥·維斯普奇冒著危險出航。維斯普奇已經出版的四本航行著作裡頭，拉斐爾參與了三趟，因為最後一趟航行裡，拉斐爾沒有跟著維斯普奇返航。當時是維斯普奇最後一趟航往西班牙新卡斯提亞的旅程，拉斐爾幾乎是逼近強迫的方式，才獲得維斯普奇的同意，讓自己留在此趟旅程觸及到的最遠地點，共計有二十四人留下。因此，能被留在當地，拉斐爾很是開心，比起返航回到家鄉埋葬，他更喜歡四處旅行，因為就像他常說的，每個地方前往天堂的道路都是一樣的，而且沒有墳墓的亡者，由天空來覆蓋。不過，要不是上帝對拉斐爾特別仁慈，這種思想性格可是會讓他付出寶貴的代價，因為就在與五位卡斯提亞人去往數個國家之後，最後是靠著奇異的好運氣，拉斐爾來到錫蘭，輾轉又抵達卡利卡特[5]，在此地很開心遇到葡萄牙來的船隻，然後出乎大家的意料，拉斐爾回到了祖國。」

3 編註：帕里努洛斯，古羅馬詩人維吉爾（Virgil）史詩作品《艾尼亞斯紀》（*Aeneid*）中之人物，艾尼亞斯的舵手，後來墜海身亡。尤里西斯，奧德修斯（Odysseus）之拉丁文名，傳說中希臘伊塔卡之王，史詩《奧德賽》（*Odyssey*）之主角。

4 編註：塞內卡，古羅馬哲學家、劇作家、政治家，為斯多葛學派的重要人物。西塞羅，羅馬共和晚期的哲學家、政治家、作家、雄辯家，其演說和著作奠定了古典拉丁語的文學風格。

5 編註：錫蘭（Ceylon），今斯里蘭卡。卡利卡特（Calicut），今印度南部之科澤科德縣。

拉斐爾的旅行

彼得跟我說了這些之後，我謝謝他好意要介紹我認識一位我會想要談話的朋友。接著，我便與拉斐爾擁抱，這是與陌生人第一次見面時的習慣禮節。寒暄過後，我們一起回到我的住處，來到花園、坐在綠色草皮旁的長凳上，開心地不斷聊天。

拉斐爾告訴我們，維斯普奇的船隻離開之後，他與留在新卡斯提亞的夥伴花費不少心思逐步博取當地人民的情感，經常與他們會面、和睦相處，最終不僅安穩地與當地人生活，也能夠隨興交流，甚至還贏得一位君主的信賴，但我忘了這位君主的名字與國家。這位君主為拉斐爾一行人提供一切所需，而且為了方便他們旅行，還準備了水路使用的船隻，以及陸路用的馬車，此外還派來一位非常忠誠的嚮導，引薦他們結識各地想要認識的君主。數天旅程過去，他們來到多個大城小鎮與共和國，全都統治得很好，人民也都很多。

赤道底下兩側，凡是太陽移動照射到的地方，盡是一片廣闊的沙漠，由於長期有太陽熱力的緣故，所以都乾枯了，土壤不再滋養，萬物看來皆毫無生氣。隨處要不是無人居住，要不就是充斥著蛇與野獸，有時是可以見到一些人，但這些人的野蠻、殘忍程度可不會輸給野獸。不過，再走更遠一些，新的景象隨即映入眼簾。一切都變柔和了，空氣不再那麼炙熱，土壤滋養著翠綠色的植物，連野獸也都溫馴許多。最後就可見到多個國家與大城小鎮，除了內部會互通有無，也與鄰國有所往來，更會透過水路和陸路，與非常偏遠的國家進行貿易。在此，拉斐爾一行人享受四處造訪各國的便利，沒有哪一趟的航行裡頭，他們是不受到歡迎的。

拉斐爾一行人所見到的第一艘船是平底的，船帆是使用蘆葦和柳條緊密編織而成，只有一些是採用皮革製成。不過，後來他們發現了尖底龍骨和帆布構成的船隻，各方面看來都像極了我們的船，此外水手也都通曉航海與天文學。拉斐爾教導他們使用指南針，這是水手以前都不知道的工具，所以也喜歡上拉斐爾。以前，這裡的水手航行時得非常謹慎小心，且只在夏天出航，但現在因為可以完全仰賴這顆磁石，所以哪個季節出航都一樣，或許可說是比妥當更為安全了。然而，我們卻也有足夠的理由相信，這個原先認為很有益的新發現，可能會因為過於魯莽草率，而給自己招來危害。

拉斐爾與我們講述他在每個地方所看到的一切，但內容實在太多，恐怕會偏離此文的目的，倒是拉斐爾在文明社會中觀察到的嚴謹明智的制度，或許與我們比較有關係，也比較適合在這裡談論。我與彼得提出了許多疑問，拉斐爾都非常樂意地回答。不過，我們對怪獸屢見不鮮，因此沒有問相關的問題。到處都看得到吠叫的斯庫拉、飢餓的刻萊諾、吃人的萊斯特律貢人等等令人難以置信的巨獸[6]。要找到明智且妥當管理的公民反倒很難。

6　編註：斯庫拉（Scylla），希臘神話中吃水手的女海妖，有六顆頭、十二隻腳。刻萊諾（Celaeno），鳥身女妖，出自維吉爾之史詩作品《艾尼亞斯紀》。萊斯特律貢人（Laestrygonians），希臘神話中之食人巨人，出自荷馬（Homer）史詩《奧德賽》。

拉斐爾告訴我們在那個半球和我們的半球有許多不恰當的地方，他也從中悟出不少心得，可用來矯正我們所在這些國家裡頭的謬誤。不過，如同上述所做的說明與承諾，這部分就另外再找時間來談好了。現在，我只打算來談拉斐爾轉述的烏托邦法律和風俗，但且讓我從我們會談到這個共和國的起因說起。

與樞機主教約翰·莫頓的談話

當時，拉斐爾大肆運用其判斷力，向我們說明那些國家與我們國家皆犯下的錯誤，聚焦雙方皆有的英明制度，明確說明旅行路過各個國家的禮俗與政府機關，感覺他像是在那些地方住了一輩子似的。彼得聽了很是欽佩，說道：「拉斐爾，我很訝異為何你沒有去輔佐國王！依據你的才識所學，和曉得那麼多地方與人士，我相信沒有一位君王不會不想要你的！你肯定很是討君王的歡喜，而且還能夠提出具體的例證和提供建言，不僅是為了自己好，還能為所有朋友謀福祉。」

「朋友的部分，」拉斐爾說道，「我不需要擔心太多，因為我已經盡了我的義務。在我不只是健康，而且還很年輕有活力的時候，我就把錢財分給親朋好友，那是其他人會等到年老生病無法享用之際才不情願地拿出來分的。我想我的朋友應該都很滿足了，所以不會期待我為了他們待在國王身邊奴役自己。」

「說得不錯！」彼得說道，「但我不是說你應該要成為國王的奴隸，只是說你應該輔佐國王，提供協助。」

「用詞不同而已，」拉斐爾說道，「事情沒兩樣。」

「無論是用哪一個詞，」彼得回答，「我看不出有什麼其他方法，好讓你能發揮長才，同時也讓大眾與私下的朋友受益，而且你自己也可以過得更快樂。」

「更快樂？」拉斐爾回答說，「難道要走上我的才智如此憎惡的道路？現在我隨心所欲地生活，我相信很少有朝臣能有這股自在。此外，現今有那麼多人在向上討好，所以他們不必為我和我的脾氣而苦惱，也沒有什麼大損失。」

聽到這裡，我出聲說道：「拉斐爾，看得出來你既不渴望財富、也不渴望權勢！比起世界上任何一位偉大的人，我確實更景仰像你這樣的人。在我看來，即便你或許會覺得有點不自在，但要是你願意把時間和思緒投入公眾事務，你的作為也會像你的靈魂一樣，如此仁慈慷慨、富有哲學思考。然而，我知道若你坐上這樣的職位，你會讓君王展現值得尊敬的高尚作為，但若沒有進入某位偉大君王的議會，你就無法發揮如此大的效益，因為善惡的泉源就像湧泉一樣，乃是從君王流向整個國家。先不論實務經驗，你已是如此博學，再撇開你的博學來看，你的實務經驗又是如此豐富，怎樣你都極其合適出任國王的謀士。」

「這你可就大錯特錯了，」拉斐爾說道，「摩爾先生，無論是你對我的看法，還是你對事情的判斷，全都錯了！因為我沒有你認為的那種才能，就算有的話，要我犧牲片刻的寧靜換取大眾的福祉，那樣也不會比較好。大多數的君主都把精力用在戰爭上，而非有益的和平謀劃之上，我沒有這方面的知識，也不渴望學習這方面的知識。一般來說，無關對錯，君主就是比較在意攻下新的王國，而非好好治理國家。而且，君王身旁的大臣沒有一位不是聰明的，所以根本就不需要協助，或者最差也可以說大臣沒有一位不自認為是聰明的，所以認為自己不需要協助，但他們卻可恥地、阿諛地同意某些大人物的愚蠢之言，因為這些人物在他們的君王那裡位高權重，因此他們透過盲從和奉承來努力獲得寵幸。受天性影響的緣故，我們都喜歡聽諂諛的話，按著固有的觀念取悅自己，就如同老烏鴉喜愛小烏鴉，而猴子也愛自己的小猴子。那麼，要是進入這樣的宮廷，裡頭盡是只會讚許自己、嫉妒他人的成員，此時要是有人出來講述自己旅行的觀察所見，或是讀過的歷史經驗，其餘的人會認為若不把此人給壓下去，自己的才智名聲就會消退，也會阻礙自己的利益。要是所有的招式都沒有起到作用，那麼他們就會想到哪些作法使前人感到滿意，如果我們做到前人所做的，那就是件好事，接著便會安於這樣的說法，也用來佐證其他說法就是錯誤的，好似比前人聰明乃是不幸的事。因此，即便是願意放下過往的一切美好，但要是有人提出更好的提議，他們依舊會固執地蒙蔽自我，藉口認為新提議是對過去不敬。我曾在許多地方遇到這種驕傲、頑固、荒唐的判斷看法，特別是在英格蘭看過不少這樣的人。」

「你去過我們那裡？」我問道。

「是的，我去過那裡，」拉斐爾回答說，「待了幾個月的時間，差不多就在西方叛亂被鎮壓後不久的時候，參與其中的窮人都被屠殺了。」

「那時我非常感謝那位神父，即樞機主教約翰·莫頓，同時也是坎特伯里大主教與英格蘭的大法官，」拉斐爾表示，「彼得啊（摩爾已經很清楚莫頓是什麼樣的人），這位莫頓，他的智慧和美德完全不亞於他與身自有的高尚品格。中等身材，但沒有因為年齡增長而佝僂，外表令人敬畏，但不會讓人感到懼怕。與他談話很輕鬆，但卻很嚴肅慎重。有時，有人來向他請願，莫頓會刻意尖銳說話，但仍深具內涵，為的就是要試探對方的心智與風度，只要沒有發展成失禮的局面，他就會很開心，因為這表示對方與自己的脾氣很近似，也會把對方視為處理事務的合適人選。莫頓說話優雅、有分量，精通法律與許多領域、記憶力非常好，藉由學習與經驗的累積，又進一步精益這些先天賦予的優異才能。我在英格蘭的時候，當時的國王非常仰賴莫頓的建言，政府當局似乎主要就是靠他在運作，因為他早在年輕時期就已開始涉足實務工作了。莫頓是歷經了許多命運的波折之後，才取得如此之多的智慧，因為代價很大，所以也不會輕易消失。

有天，我與莫頓用餐，有位英格蘭律師也在場，律師開口大肆讚揚嚴懲小偷、伸張正義的作為，他開口說道：『通常一個絞刑架上同時有二十個人被吊死！』接著又說道：『我不禁好奇，既然這麼少犯人逃得掉，那麼為何到處還是有在偷竊的小偷呢？』

此時，我（壯起膽子在樞機主教面前暢所欲言）說道：『沒有理由要好奇這一點，這種懲罰小偷的方式，對小偷和民眾都不好、不公正，因為太嚴峻了，所以起不了作用，畢竟單單是偷竊行為的話，應該不至於要人一條命。不管是多麼嚴厲，沒有任何懲罰可以阻擋無法找到其他謀生方式的人去行搶。』我又說了：『就這件事情來說，不止是在英格蘭，世界上有很多地方都在仿效惡質的教師，比起教導學生，更想要嚴厲斥責學生。現在對小偷施行嚴厲的處罰，但比較好的作法是讓每個人都能有謀生能力，如此即可避免只能行竊的選擇，還不必為此送上性命。』

『對此，已有足夠的應對措施，』律師說道，『要不是因為心思更想去做壞事，否則各式各樣的手工業以及畜牧業，皆足夠做為謀生轉換跑道的選項。』

『這並不足夠』，我說道，『不論是內戰還是對外戰爭，許多人在戰場上成了殘疾，像是在最近的康瓦爾叛亂[7]，還有先前與法蘭西的多場戰役當中。當時為了國王和整個國家而重傷成殘的人，要不就是無法重操舊業，要不就是老到學不了新技能。不過，戰爭是偶發的意外，也不是持續不斷出現的事件，所以讓我們來談談那些每天都在發生的事情好了。你們當中有一群為數不少的貴族，整日跟雄蜂一樣什麼事都不用做，而是靠著他人與底下佃農的勞動過活，且為了增加收入，這群人還剝削佃農。的確，這是他們唯一節儉的地方，這群貴族在其他事情上盡是鋪張浪費，甚至還害得自己變貧窮。除此之外，貴族還會帶著一堆無事可做的隨從在身邊，這群人沒有機會學習任何謀生的技藝，一旦生病或是主人過世了，隨即就會被趕出門，因為你們這些主人寧願提供食物給沒什麼事情可做的人，也不願意照料生病的人。此外，後來的繼承人往往也無法跟以前的主人一樣，保持家業興盛。所以，現在這些被趕出門的人的肚皮難耐，搶劫的時候自然

7　編註：康瓦爾叛亂（Cornish rebellion of 1497），一四九七年，康瓦爾居民不滿英王亨利七世為了出兵蘇格蘭提高稅金，因而起義，結果遭到軍事鎮壓，叛亂的三位主要領導者被處以死刑，參與者大多也遭判決處刑。

很激烈。他們還能做些什麼呢？他們四處遊蕩，身體疲憊不堪，身上的衣物也殘破不堪，樣貌看來還很糟糕，有身分地位的人不會招待他們，窮人也不敢接待，因為大家都知道，一個生長在懶惰和享樂之中的人，習慣配戴著劍和盾走來走去，傲慢蔑視遠在他底下的所有鄰里，所以也不適合拿起鐵鍬和鋤頭，也不會為了少少的工資和食物，而為給得起工資和食物的窮人工作。』

對此，律師表示：『應該要特別珍惜這樣的人，因為有事發生時，他們身上有軍隊所需的力量。而且，與商人或農夫相比，他們的出身讓他們具備了更崇高的榮譽感。』

『或許，你也可以說，』我回答道，『因為戰爭的關係，你們必須珍惜小偷，戰爭一定用得上小偷。如同小偷有時會證明自己是名英勇士兵一樣，士兵有時也被證實是名果敢的小偷，兩者之間宛如是有關聯似的。然而，你們之中普遍還有個很糟的習慣，老是留著許多對國家來說一點也不特別的僕人。法蘭西還有一群道德更為敗壞的人，那裡整個國家的人民都是士兵，在沒有戰爭的和平時期也是（若一國真有所謂和平時期的話）。之所以一直養著這一群人，就跟請求要留住那些無所事事的貴族一樣。全都是假面政治家的作為，他們指出有支富有經驗、隨時待命的軍隊乃是為了大眾的安全。政治家認為沒有經驗的生手不可信賴，所以有時還會找機會發動戰爭，好鍛鍊士兵的割喉技巧，又或如薩盧斯特（Sallust）[8]所觀察到的：「那是要確保士兵一直有在動手，不會因為休息太久而變遲鈍。」不過，法蘭西已經學到教訓了，了解到養著這樣的野獸是多麼危險的行為，因為羅馬人、迦太基人、敘利亞人，以及許多其他國家與城鎮，皆是被這種常備軍推翻殲滅，這些命運應該讓其他國家和城鎮變聰明。法蘭西的愚蠢作為顯而易見，因為法蘭西訓練有素的士兵發現英格蘭連新兵都很難應付，這一點我就不多說了，免得讓你覺得我是在奉承英格蘭。

每天皆會有的經驗顯示，如果沒有因為不幸變成殘疾，或是因為極為匱乏而

8 編註：薩盧斯特，古羅馬歷史學家，有《喀提林陰謀》（*Conspiracy of Catiline*）、《朱古達戰爭》（*The Jugurthine War*）等作品傳世。

變地不振，城鎮裡的工匠和鄉下裡的農夫，全都不怕士紳們那些無所事事的隨從。那些人曾經身材壯碩（貴族就是因為這樣才喜歡養他們，直到寵壞他們為止），現在卻因為懶散而變虛弱，也因柔弱的生活方式而軟弱。只要有良好的教養，並老實地做粗重的工作，您就不必擔心他們不適合上戰場了。此外，還有一點看來似乎很不合理，戰爭的發生並非必要，只是因為你想要所以就開戰，還為了以後的戰爭養了這麼多無所事事的人，且這群人在和平時期還會惹是生非，這點肯定是比戰爭更需要考量的。不過，我不認為是因為需要而偷竊，另有其他原因，英格蘭尤其如此。』

『是什麼原因？』樞機主教問道。

『你們的羊』，我回答道，『本性溫馴，很容易維持秩序，但現在卻會吞食人類，不止是摧毀村莊，也破壞城鎮。在產出最柔軟、最豐沛的羊毛的地方，貴族、士紳，甚至聖人和修道院院長，面對自己農場的產出，已不再滿足於舊有的租金，也不認為安逸的日子對他們來說是好的，所以決定不再做善行，反倒是要傷害人。他們讓農民無地可耕，摧毀房屋與城鎮，只留下教堂，並把土地圍起來，好安置自己的羊群，彷彿你們留作狩獵用的獵場和森林所占據的土地還太少了。所以那些地位崇高的同胞把最適合居住的地方變成獨有。對一國而言，貪得無厭的討厭鬼就是種會致命的疾病，當這些人決定侵占數千英畝的土地之際，地主與佃戶被詭計拐騙或是被迫交出自己的財產，又或是因為被不當對待，被搞到筋疲力盡之後，隨即被迫賣掉財產。

如此一來，這些悲慘的人，無論男女、已婚或未婚、年輕還是老邁，與自己貧窮但為數眾多的家人（因為農村生活本需要許多人手），一起被迫離開了本地，全然不知該往何處去，所以只好賤賣家用品，儘管賣不了什麼錢，但還是得找人來收買。那些變賣來的小錢用完了（因為他們流離失所，很快就會花光）之後，除了偷竊後被絞死（天知道這是多麼公義！），或者四處乞討之外，還有什麼可做的呢？如果這樣做了，隨後就會被關進監獄，接著成為無所事事的流浪漢，然而他們卻是願意工作的，只是找不到人願意僱用他們，因為都沒有耕地了，哪裡還有農村勞力的機會？

一個牧羊人可以照顧一群羊，羊群在一片土地上放牧，這片土地原本可供許多人犁地和收割。這導致許多地方的穀物價格都變貴了，羊毛價格也同樣上漲，時常織布的窮人再也負擔不起，因此許多人不再有工作可做。打從牧場擴張以來，上帝藉由讓羊群染上傳染病來懲罰貪婪的主人，毀掉大量的羊群。但在我們看來，若這災難是落在主人身上的話，那似乎才更為公正。然而，就算綿羊變得如此之多，羊毛的價格卻不太可能會下跌。雖然因為不是真的只由一個人壟斷羊毛的交易，所以不能稱之為獨霸，但的確是握在少數人的手中，這少數人非常富有，除非有心想賣，否則就不會早一點賣出，因此總是等到把價格盡可能抬高之後才會出售。

其他種類的牲畜也同樣昂貴，由於許多村莊被摧毀，所有的農村勞力不再受到重視，沒人從事飼養牲畜的工作。不同於羊群，富人不繁殖其他牲畜，只買入瘦小的牲畜放養在自己的土地上，等養肥了再以高價出售。我不認為大家有意識到這將帶來的問題。由於牲畜皆是以高價出售，假使消費速度快過繁殖能夠負荷的速度，牲畜的量就會縮減，接著勢必會發生嚴重稀缺。

如此一來，您的島國，也就是現在看來是全世界最幸福的地方，將會因為少數人那令人憎惡的貪婪而蒙受痛楚。此外，由於穀物價格上揚，人民會盡可能縮減家裡僕從的數目，那麼被解僱的人除了乞討和搶劫之外，還能做些什麼呢？而且，跟一般窮苦的人相比，有勇氣的人更認為比起行乞，更應該去行搶。

貧窮與苦痛存在的同時，奢華生活也迅速入侵。穿著過分虛榮，飲食也斥下鉅資，這不止是會出現在達官顯要的人家裡，連商人、農夫和各個階層的人皆是如此。許多惡名昭彰的場所，酒館和酒吧也好不到哪裡去，外加上骰子、紙牌、雙陸棋、保齡球、網球、擲環遊戲，錢財從中快速流失，最終深陷其中的人只好去搶劫才能供應生活。

要解決這場致命的疾病，那就是得下令那些害人民頓失那麼多土地的人，要不就是重建拆掉的村莊，要不就是開放土地給願意耕作的人。限制富人那樂此不疲的作為，因為那就跟獨霸行為一樣糟糕，縮減閒置的時間，復甦農業、規定要羊毛商人公平交易，好讓那些被迫行竊的失業人口可以找到工作，也讓閒著沒事的流浪漢和沒有用途的僕人，以及最終肯定會變成小偷的這一群人也能找到工作。若沒有找到解決這些罪惡作為的辦法，那麼吹噓自己嚴懲小偷的事蹟也是徒勞的。縱使外表看來是富有正義，但本身其實既不公正也不合宜。如果你讓人民接受不好的教養，人民的作為從小就不當，然後又因為人民遵循一直以來所學的去犯罪而處罰他們，那麼，你們就是先養成了小偷，然後又處罰小偷，這該怎麼說呢？』」

「我在說這些的時候，那位英格蘭律師早已準備好了要回應。他決定以辯論的形式，重複我說出口的全部內容，其中多是忠實重述我的內容，而非回答問題，宛如主要是要審判大家的記憶力。

『身為外地人，你說的話很漂亮，』這位律師說道，『你聽到了許多事情，但卻未能夠好好思量過。且讓我來跟你簡短說明整件事情，但首先是要依序總結你所說過的話，然後我會讓你明白你對我們事務的無知如何大大誤導了你，最後再來回應你的論點。那麼，就從我說的地方開始講起，有四件事情……』

『安靜！』樞機主教說道，『你這種講法怎麼可能簡短！免去現在回應的麻煩，就留到下次聚會再說。只要拉斐爾和你的時間允許，聚會就設在明天吧！』

『不過，拉斐爾，』主教對我說道，『我很樂意聽你說明偷竊不應該處以死刑的原因，是你會容忍讓步嗎？還是有對大眾更為有用的其他處罰方式？畢竟，死亡無法阻止偷竊行為，但若人覺得性命是安全的，那還有什麼恐懼感或力道可以約束這些行為不良的人呢？相反地，這些人不會因為懲罰輕微，而犯下更多的犯罪行為嗎？』

我回答道：『在我看來，為了些小錢就取人性命，實在不是很公正，因為這世界上沒有一樣東西的價值可以匹敵人命。若有人說：「承受刑罰的原因不在於錢，而是觸犯了法律。」那麼，我得說，極端的公正等同於極端的傷害，也不可通過連最輕微的罪行就處以死刑、曼利烏斯般的糟糕法律[9]，也不當接受斯多葛學派認為所有的罪行皆平等的說法。因為這麼做的話，那麼殺人和偷錢包兩者之間好似沒有差異，但公平細究兩者的話，即可發現並無相似之處，也不對等。

上帝交代我們不可殺人，難道我們能為了一點錢財就隨意殺人？不過，有人會說，我們被禁止殺人，但國家法律有規定者例外，那麼基於同個理由，國家在某些情況下也可以制定法律，讓通姦和做偽證都合法。上帝早已從我們手中奪走處置自我與他人性命的權力，但假若人們就當作是達成共識後制定法律，然後授權處死上帝未立下先例的案件，那麼就是在免除人應遵守天上律法的義務。合法化謀殺，這不就是在天上律法之前，優先選擇了人的法律了呢？一旦這麼做了，面對各種事務，人即可依照同樣的規則，在神的律法之上，設立自己喜歡的規定。然而，按著摩西律法——即便這律法又粗暴又嚴厲，畢竟是為了管控頑強的奴性民族——但這律法對小偷偷竊也只是被罰款而非處死。我們無法想見，這套新的律法竟是如此憐憫，跟猶太人相比，神以父親的慈愛對待我們，放寬了殘酷的標準。

基於這些原因，我認為把小偷處死其實是不合法的。小偷與殺人凶手承擔一樣的下場，顯然十分荒謬，對社會來說也是件危險的事。假若小偷知道偷竊和殺人的後果是一樣的，那麼自然就會興起殺人的念頭，就算小偷原本也只是打算偷竊而已。要是懲罰是一樣的話，小偷最好是把礙事的人也處理掉，好降低自己被發現的風險，這樣才會比較安全，所以感到十分害怕的小偷就會被激發出殘殺的一面。』」

「『至於「還有什麼更為有用的處罰方式呢？」的這個問題，我認為比起發明出更糟的方式，找到方法會簡單上許多。為何我們不採信古羅馬人用了許久的方式呢？畢竟古羅馬人那麼懂得治理，而且古羅馬人的方法可是非常合適的，那就是犯下重罪的人餘生都要戴著腳鐐在採石場工作，又或是在礦坑採挖。

9　編註：曼利烏斯（Titus Manlius Imperiosus Torquatus），羅馬共和時期執政官、獨裁官，其子在一對一決鬥被禁止後依然接受決鬥，因此遭曼利烏斯處死。

不過，我認為最好的方式，乃是在波斯旅行時所看到的。波利勒特人[10]是一群為數眾多且治理良好的民族，他們每年都會去給波斯國王進貢，但就其他方面來說，又是個有自己法律治理的自由國家。波利勒特人居住的地方距離海邊很遠，周圍有山丘圍繞，自給自足且物產豐富，鮮少與其他國家有貿易往來。此外，該國遵循古老的傳統，沒有擴大領土的打算，四周的山丘與支付給波斯國王的保護費，已可讓國家免受外來侵略。因此，波利勒特人與鄰國沒有戰爭，生活便利但也算不上奢華，是個幸福國度，卻稱不上是個顯赫有名的大國。除了鄰國之外，我不覺得有人知道這個國家的名字。

在該地，要是有人被發現因偷竊有罪，那麼一定要償還失竊的主人，而非償還給君王，這是跟其他地方的不同之處。原因是，波利勒特人認為君王對失竊物品的所有權，和小偷的所有權相差無幾。要是失竊物品已經不存在了，那麼就要清算小偷的物品來償還，償還後的餘額全數交給小偷的妻小，至於小偷本人則要去從事公共服務，但不用被關、也不用被綑綁，罪行有特殊情況者例外。他們行動自由，但得為公共服務，要是偷懶沒做事，又或是工作進度落後，即會遭到鞭打，要是好好工作，就會受到良好的對待與運用，完全不會被羞辱，只有到了晚上才會按著清單喊人關進牢房。

這些犯人不會蒙受其他的不安感，只是需要不斷地勞動。由於是在為大眾工作，所以由公庫開支，提供吃喝飲食。只不過各地各有不同的作法，有些地方是透過募捐籌得款項，雖然充滿不確定性，但卻可見到波利勒特人慈愛的一面，好讓犯人不至於匱乏，另有些地方則是編列公共預算，或是跟有使用他們服務的人收稅來維繫犯人的生活。有些地方則不用犯人從事公共服務，而是當個人有需求時，則可以到市場僱用這些犯人，但價格會低於自由之身能收取的費用。不過，要是工作怠慢了，可以依法鞭打他們。

藉由這些方式，這些犯人就一定會有工作，除了維持自己的生計，也能讓公

10 編註：波利勒特人（Polylerites），摩爾創造的虛構民族，由古希臘文 polus 和 leros 組成，意即「一派胡言者」

庫有些收益，多於養他們的開銷。小偷身穿有特定顏色的特殊衣服，頭髮剪到耳上的位置，且一邊的耳朵會被剪下一個小角。朋友可以給他們食物和喝的，以及屬於他們顏色的衣物，但若是給錢的話，那麼給的人和收的人都只有死路一條。一般平民若是拿了犯人的錢，罪責也不算輕。此外，這些奴隸（這是大家給他們的稱呼）要是拿了武器，那也是死路一條。波利勒特人居住的各個地區各自有特別的徽章，要是弄棄徽章、走出邊界，或是與其他地區的奴隸談話，那麼就得受死。企圖逃跑的嚴重後果不亞於成功逃跑的下場，而知情不報的奴隸也得受死，若參與其中的人是自由之身的一般平民，那麼就會被貶為奴隸。至於舉報者則會收到獎勵，一般平民是會有金錢的獎勵，而奴隸則能因而獲得赦免、重返自由。如此一來，犯人可能就會曉得，與其加入逃亡，不如懊悔自己曾密謀逃亡。』

『這些是當地有關於偷竊的規則與法律，很明顯是有利且溫和不暴力的作法。不僅消滅罪行，也留下人命，這麼做可讓小偷看到誠實的必要性，並運用餘生修復以前對社會造成的傷害。除了沒有掉回舊習慣的風險之外，旅者們更認為偷竊犯人是最可靠的嚮導，從一個地區來到另一個地區就會更換嚮導，但很少遇到不好的行為。由於這些犯人沒有武器，且光是擁有金錢就足以被判罪，所以犯人不會想要偷竊、也不會想要謀取好處。況且，要是被發現了肯定會被處罰，犯人的衣著與平民不相同，因此他們無法逃跑，就算光著身子，缺了一角的耳朵也會露餡。

您或許會擔心奴隸密謀反抗政府，不過除非是數個地區的奴隸全部一起共謀，否則單一個地區與隔壁地區聯合也無法成就什麼。由於不能碰面或交談，所以全部奴隸共謀是做不到的，而且奴隸也不敢相信彼此，冒險共謀，因為隱瞞得付出的風險很高，更別說舉報的獎賞還相當可觀。

重返自由之身並非無望，藉由順從與耐性，以及有充分理由相信未來往後的生活方式會改變，犯人最後可能就可以獲取自由，每年都有幾位犯人因自身性格良好而重拾自由之身。』我在講述這些時，還同時補充表示，比起律師誇讚的嚴厲司法可帶來的結果，我不覺得運用波利勒特人的方式不會帶來更多好處。

對此，律師回答道：『那種方式要是在英格蘭落實，不可能不會危及整個共和國。』邊說邊搖頭，還擠皺了臉，然後便陷入了沉默。

正當在座的人似乎都很認同這樣的說法時，樞機主教則反對表示：『因為從未嘗試過，所以很難論斷成功與否。』接著又說：『如果有個小偷被判死刑，國王可以暫緩行刑，拿這個小偷來做實驗，同時奪去此人的庇護特權。要是在此人身上有看到好效果的話，那麼可能就可以落實這種作法，但要是沒有成功，最糟就是最後還是得執行死刑犯的刑罰。』然後又說：『我不覺得會不公正、不可行，暫緩行刑一點也沒有什麼風險。在我看來，應該也要用同樣的方式對待流浪漢，因為儘管我們針對他們制定了許多法律，但仍然成效不彰。』

主教說完後，大家都同聲讚揚這項關於流浪漢的提議，因為這是主教自己的觀察。」

「我不知道是不是有必要接下去繼續講，因為這事有些微不足道，但我還就是來談一下好了，畢竟跟這項議題有所關聯，或許可以有好的運用。話說，我們用餐時有位食客在場。他扮成傻瓜的模樣，扮得很自然，好像就跟真傻瓜一樣。這位食客提出的荒謬事竟是如此冷酷愚昧，以至於我們笑他比較多，而不是在笑他所說出的荒謬事。不過，有時他講的話又還算機智，但那也只是偶然發生的情況，也剛好驗證了一句古代諺語：『經常擲骰子的人，有時會剛好走運。』

在座有個人說我照顧了小偷，而主教是照顧了流浪漢，那麼就剩下公眾該如何供應那些因疾病或年邁而無法勞動的人口了。『交給我吧！』那位傻瓜說道，『我來照料這些人，因為沒有人比我更討厭他們，他們與他們的哀傷不滿時常惹惱我。但是，不管他們如何哀傷講述自己的故事，都無法觸動我掏出一便士。我要不是沒有想要給予他們的心思，要不就是有心但卻沒有能力拿出什麼。現在他們很了解我，不會再白費力氣，也不會再找我麻煩，直接讓我通過。因此，他們對我抱持的希望，確實沒有多過假若我是名神父的所有盼望。不過，我會制定法律，好把乞丐送進修道院，男人送到本篤會[11]去當役工，女人則去當修女。』

11　編註：本篤會（Benedictines），亦稱為本尼狄克派，為天主教的隱修會之一，會士不可婚娶，不可有私財，一切服從長上。

主教笑了笑，只把他說的話當玩笑，然而其他人卻都是相當喜歡。在場有位神職人員，雖是嚴肅陰鬱的一個人，但卻很滿意他對神父和修道士所做的反思，所以開始和傻瓜說笑道：『除非你照顧好我們這些托缽會修士，不然你無法解救所有的乞丐。』

『這部分早就有解了，』傻瓜回答道，『因為主教提議要把你們這些流浪漢抓起來、開始工作，畢竟我清楚知道沒有像你們這樣的流浪漢了。』這話引來哄堂大笑，在座的人看向主教，發現主教聽了沒有不開心，只有那位神職人員自個兒在生氣，不同意這個說法，而原因不難想見。後來，還陷入狂躁，無法控制自己對著傻瓜大罵，說他是惡棍、是在毀謗、是在背叛、是『滅亡之子』，然後還引用經文大肆威脅傻瓜。

此時，這位食客認為自己做得很好，便放肆對這位修士說起話來：『好修士呀！不要生氣呀！書上都寫了：「你們要憑著堅忍，保全你們的靈魂。」』修士回答道（我在此記下修士當時用的字眼）：『我沒有生氣，你這個惡徒。至少，我沒有犯罪，因為聖詠集作者說了：「你們縱然動怒，但是不可犯罪。」』

這時，主教出言溫和告誡修士，提醒他要控制一下自己的脾氣。『不是的，閣下，』修士說道，『我說這些可是出自熱切的心，這顆熱切的心是我應該要有的，因為聖潔的人都具備熱切的心，如同經文說的：「我對你殿宇所懷的熱忱，把我耗盡。」我們在教堂上吟唱，當厄里叟（Elisha）[12]進到神的會堂被取笑時，那些嘲笑的人感受到厄里叟熱切的心，或許那個譏笑的人、流氓、壞蛋也能感受得到。』

『或許，你這麼做是出自於好意，』主教說道，『但在我看來，你其實更為聰明，不要跟個傻瓜做這種可笑的較勁，或許對你會比較好。』

『不是這樣的，閣下，』修士回答，『這事如此處理並不明智，因為連最聰明的人撒羅滿（Solomon）[13]都說了：「回答愚昧人，有時應愚昧。」所以，我

12 編註：厄里叟，新教譯為以利沙，北國以色列先知，為先知厄里亞（Elijah，新教譯為以利亞）的學生。

13 編註：撒羅滿，新教譯為所羅門，以色列王國第三位國王。據聖經記載，撒羅滿擁有超人的智慧和大量的財富。

現在做的是要他知道，若沒有注意的話就會掉進自備的窖中。厄里叟只是一名光頭的男子，如果許多取笑厄里叟的人都感受到他那顆熱切的心，那麼托缽會修士有這麼多人都光頭，一個取笑眾多托缽會修士的人將會感受到多大的熱誠呢？此外，我們有教宗詔書，可以把所有嘲弄我們的人都被逐出教會。』

當主教看出這件事沒完沒了的時候，隨即向傻瓜點點頭，示意要他退下，並開始談起其他話題。不久後，主教起身離開餐桌，並打發我們離開，然後去聽案件了。」

關於共和國最理想狀態的談話

「我親愛的摩爾先生，結果我講了個十分冗長的故事。如果沒注意到你很認真在聽（如同您懇切我分享的模樣），好像不想遺漏任何的內容，我會很不好意思。本來是可以濃縮內容的，但我決定好好描述一番，讓你們明白那些鄙視我提議的人，一發現樞機主教並不反對這項提議更是贊成之後，是如何討好奉承主教，甚至還誠摯喜愛那些主教只是當作玩笑容忍的內容。如此一來，你們或許就能了解少有朝臣會看重我和我的建言了。」

針對這點，我回答表示：「你人很好，還為我講上這一段。你所談論的每樣東西，全都很明智且風趣。這讓我回想起年輕在家鄉的時候，也讓我想起心中那位良善的樞機主教，如何從孩提時期就開始拉拔我。儘管就其他面向來說，你已是我很珍視的朋友，但因為你如此讚揚與主教的回憶，所以你對我來說更珍貴了。不過，儘管如此，我依舊不會改變我的觀點。我依舊認為，若是能夠克服對君王周圍朝臣的厭惡，那麼你或許可運用自己的才能來提供建言，為人類做許多好事，這是每個好人活在世上主要應該做的事情。你的朋友柏拉圖認為，由哲學家來當國王，或是國王成為哲學家，如此國家才會幸福；現在，哲學家不認為自己有責任要提出建言輔佐國王，難怪我們離幸福那麼遙遠。」

「他們心胸沒有那麼狹小，」拉斐爾說道，「還十分願意提出建言；很多哲學家已經透過著書的方式提出建言，只希望掌權者願意聽取他們的好建議。然而，柏拉圖的判斷還是正確的，除非國王自己成為哲學家，否則那些從小就因錯誤觀念而道德敗壞的君主，永遠都不會完全聽從哲學家的忠告，柏拉圖從迪奧尼西斯（Dionysius）[14]身上也證實了這一點。」

「要是我向任何一位國王提議好的法律，並努力根除掉國王身上各種腐敗的邪惡種子，不是被趕出宮廷，就是我的辛勞被嘲弄，難道你不這麼認為嗎？舉例來說，如果我待在法蘭西國王身旁，成為核心大臣，在一場祕密會議上，有數位智者向國王提出許多權宜之計，那我該如何表明想法呢？要用什麼方法或戰術守住米蘭，收復時常失守的那不勒斯？又該如何制服威尼斯人？接著再控制義大利其他地區呢？該如何做，才能把法蘭德斯、布拉班特和整個勃艮第，以及早就計畫吞滅的其他王國，全都納入國王的統治之下呢？

有人提議要和威尼斯人結盟，只要他自己能從中獲取利益，就應該要繼續與威尼斯人共同計畫戰略，並分給他們一些戰利品，若根據預期的所發展，之後即能輕易奪回那些戰利品。也有人提議僱用日耳曼人，並透過年奉來控制瑞士傭兵，還有人認為金錢無所不能，所以提議用金錢平息帝王[15]。另有人提議與亞拉岡國王和平相處，為強化和平關係，應要交出納瓦拉王國[16]。此外，也有人提

14 編註：迪奧尼西斯，指小狄奧尼西奧斯（Dionysius II），古希臘敘拉古（Syracuse）統治者。柏拉圖曾受其姑丈狄翁（Dion）邀約，前往敘拉古教導迪奧尼西斯，試圖將他塑造為哲人王，最後以失敗告終。

15 編註：指神聖羅馬皇帝馬克西米連一世（Maximilian I）。

16 編註：亞拉岡王國（Aragon），一〇三五至一七〇七年控制西班牙伊比利半島東北部地區的封建王國。納瓦拉王國，（Navarre）八二四年至一八四一年控制庇里牛斯山脈大西洋沿岸土地的王國。

議，應藉由聯姻來左右卡斯提亞王子，並透過補助金將其朝臣拉入法蘭西派系。最困難的地方，在於要拿英格蘭如何是好，著手開始商討和平條約，但若建立聯盟不可靠，那也要盡可能維持牢固關係，以利稱呼為盟友，但同時還得時刻抱持對待敵人般的質疑，因此要讓蘇格蘭人隨時準備好脫離英格蘭，此外也要暗中支持有權角逐英國王位的流亡貴族（但因同盟的關係，所以不能公開表態），這樣才有韁繩可以隨時拉住他們不信任的英國國王。

在這種事關重大的討論場面，那麼多英勇的人正在商議該如何繼續打仗時，像我這樣微不足道的人若站出來推翻他們的建言的話會發生什麼事？因為我會表示不要去打擾義大利，好好待在國內就好，因為法蘭西王國確實已經超過一人能夠好好統治的大小，所以不應試圖收服其他地區。之後，我應該會跟他們說說阿科里亞人[17]的下場，這是一支位在烏托邦東南部的民族。很久以前，他們為了擴張君王統治的王國發動了戰爭，而君王聲稱自己因過往的聯姻關係，是該國名正言順的繼承人。他們在順利征討後，拼了命要維持住對該國的統治，這股心力與征服該國的付出不相上下。因為被征服的人民要不就是在叛亂，要不就是被他國入侵，所以阿科里亞人老是得出面幫忙打仗，不論是協助打仗還是鎮壓民眾，軍隊從未能撤離。與此同時，阿科里亞人民被逼迫繳稅，金錢便流出王國花用。人民的鮮血為了國王的死要面子而流淌，但卻沒有給人民帶來絲毫好處，和平遙遙無期。人民的生活長期被戰爭侵蝕，到處都有搶劫和謀殺事件，法律也未受到重視，因為國王得照顧兩個王國而分心了，所以不大能夠顧好其中任何一個王國的利益。朝臣看到這一點，明白這些邪惡作為不會有盡頭，聯合商議之後謙遜地向國王提出建言，盼望國王可以從中選出較想要保留的王國，因為他無力同時握有兩個王國。分心的國王無法治理攸關兩國人民的大量事務，就像沒有人希望與他人共用一位馬夫。於是，這位善良的君王被迫將他新的王國交給一位朋友（但不久就被廢黜了），然後安逸管理自己的舊王國。如果我還補充說明，表示君王這

17 編註：阿科里亞人（Achorians），摩爾創造的虛構民族，字根為古希臘文 khora，意即「沒有國家者」。

樣的好戰讓諸國蒙受莫大的苦難，且隨之產生大量錢財與人員的消耗，最終戰事還可能因為意外事件而不了了之。因此，較為適切的作法是國王盡心盡力增強這個繼承而來的王國，盡力讓王國富足發展，更要愛自己的人民，同時也受到人民的愛戴，並與人民同住，寬柔對待人民，不要去理會其他王國，因為對國王來說，已有的雖不大但也已足夠——請問你認為這一番說法說出去君主和朝臣會怎麼想？」

「我承認，」我說，「我覺得他們會聽不進去。」

「我再舉另一個例子，」拉斐爾說，「假設今天君王和朝臣在討論如何增加國庫裡的財富。其中有個建議是在國王債臺高築時，即可拉高貨幣的價值，但當取得錢財時就調降貨幣的價值，如此國王即可用少少的價值支付很多，且能在短期之內收到很多財富。另一個人則是提議假裝打仗，如此即可為戰事籌集資金，並在戰爭結束之後，立即締結和平；此舉等同於披著宗教的外皮，讓人民認為得對自己的君王忠誠，也堅信君王對人民的慈愛。第三人則提出一些已發霉的舊法條，盡是些長時間閒置而廢棄的法條（人民皆已遺忘的法條，所以也都沒在遵循），提議收取違反這些舊法條的罰金，如此便能帶進大量財富，還是個非常好的藉口，因為外在看來就是在執行法律、伸張正義。

第四個人建議以高額罰金禁止許多事情，尤其是有違人民利益的事情，然後那些因違反禁令而獲益的人，可藉由支付高額罰鍰而獲得赦免。這麼做有兩個目的，且都是許多人能接受的，由於自身貪婪而起的違法行徑會被重罰，至於高價出售赦免許可則顯得君王對人民很是仁慈，絕不會輕易或是低價免除任何違反公共利益的作為。

還有個人建議，必須確保法官宣布的事項始終支持君主特權，同時要時常到王宮討論跟君主有關的事務，好讓國王可以聆聽其所關心議題的討論。不論君主有多不公正，法官當中總會有個人站出來，不管是要反駁他人，還是個性古怪的緣故，又或是要討好國王，所以會找到些藉口或其他理由，好讓國王可以看似公正的方式來達成目標。假使諸位法官的意見不同，那麼世上最清楚的事情也有了爭議，一旦真理遭受質疑，國王就可藉機以對自己有益的方式來解讀法條。不論是出自害怕還是謙遜，持有不同意見的法官都會被說服，上法庭時就會如同國王所期望的那樣大膽判決，因為凡對君王有利的判決，總不匱乏公正的理由。要不就說國王站在公正的這一邊，要不就是在法條中找到支持此論調的用詞，要不就是強加解釋法條，但若都不可行的話，那就搬出國王無可質疑的君主特權，因為這特權凌駕一切法條，而虔誠的法官皆會特別予以尊重。

所以，全部的人都同意克拉蘇（Crassus）[18]的說法：君王的財富永遠都不足夠，因為還要養活自己的軍隊；國王就算想要，也不會做出不公正的事，因為所有的財產全都歸屬國王所有，甚至連人民也都包括在內；除非國王出於仁慈認為合適給予某人之外，沒有人可擁有任何財產。此外，這些朝臣也認為，盡可能減少留給人民的東西，越少對國王越好，好似人民不要擁有財富或自由才對國王有利，因為這些東西會讓人民較不願意臣服於殘酷不公的政府，而貧困會讓人民變遲鈍、有耐性、願屈服，也擊毀想要反抗的高漲情緒。

至此，這些提議提出來之後，要是我站起來主張，這些建言都不是國王能做的事情，還會有損國王，以及國王不止是榮耀，連安全也都建構在人民的財富之上，而非自己的財富。此外，若我還點明人民不是為了國王，而為了自己才挑選出一位國王，希望藉由國王的努力與照料，自己可以過得安全又安逸，因此比起自己的幸福，君主應該要更關心人民的幸福，就如同牧羊人比起照料自己，更應該關心自己的羊群。要是說出這些，那又會怎麼樣呢？

此外，也可以肯定的是，朝臣認為國家陷入貧困乃是維繫公共安全的手段，這可真是大錯特錯了。有誰比乞丐更常爭吵？比起那些現有處境不容易的人，還有誰會更渴望出現改變的呢？與一無所有的人相比，還有誰會絕望到膽大包天製造混亂的呢？假使有位國王遭到蔑視、嫉妒，以至於無法讓百姓盡守本分，但卻藉由壓迫虐待，讓人民陷入貧苦難耐，那這位國王放棄王位會比較好，而非透過

18 編註：克拉蘇，羅馬將軍、政治家，被認為是羅馬史上最富裕的人。在羅馬由共和國轉為帝國的過程中扮演重要的角色。

各種方式留住王國，因為儘管握住了主權之名，但威嚴早已消失殆盡。而且，國王的尊嚴並非落在統治乞丐，而是統治富有且幸福的人民。為此，法布里修斯（Fabricius）[19]，這位高尚之人，才會如此說道：『寧可管理一群富人，也不願是自己富有，因為一個富有幸福的人周圍滿是哀嘆呻吟的人的話，那麼此人就成了典獄長，才不是位國王。』宛如一名醫術不純熟的醫師，若沒有讓病人患上另一種疾病的話，那就無法治癒病人。因此，除了奪取人民的便利生活，也找不到其他方法來矯正人民的不當之處，這彰顯出這位國王不知道如何治理一個自由的國家。君王應該要撇下怠惰、放下驕傲，因為人民對他的蔑視與憎惡乃源自於這些惡習。讓國王靠著自己應有的財產生存，公正對待他人，依據自身的收入來開支。讓國王懲罰罪犯行為，努力以明智措施預防犯罪，而非以嚴刑懲罰常見的罪行。讓國王不草率恢復廢止的法條，尤其是那些早已被遺忘且不被需要的法條。同時，讓國王不以處置違反規定者為由，收取法官不會讓人民收取，並視之為狡猾、不公正的罰金。

除了這些事情之外，我也想要再來談談馬卡里亞人[20]的法律，他們是一支居住在離烏托邦不遠的民族。根據當地的法律，馬卡里亞國王從開始統治的那一天起，便要誓言鄭重犧牲，國王所持有的財富裡頭，黃金不可超過四百五十公斤或是等值的銀幣。當地人告訴我們，此條法律規定是一位優秀的國王所制定的。比起自己的財富，這位國王更看重國家的財富，因此不想要囤積財富讓人民變窮。此位國王認為，如果遇到要平反叛亂或是抵禦外來的侵入，那麼適度的錢財也就足夠處理這些突發意外，但金額又不會多到讓國王想要去侵犯他國，這般處境即是這位國王制定此條法律的主要原因。這位國王也認為，這對金錢自由流通來說也是條好規定，因為可有助於商業貿易。因此，當國王還得分配那些超過應有額度的錢財時，就不會想要透過壓迫人民來獲取財富。這樣的國王，會讓惡人害

19 編註：法布里修斯，古羅馬監察官，以節儉、清廉著稱。

20 編註：馬卡里亞人（Macarians），摩爾創造的虛構民族，字根為古希臘文 makar，意即「受到祝福的人」或是「開心的人」。

怕，但卻會受到善人的愛戴。」

「要是我跟那些已有偏見的人，講論這些或是類似的事情，他們肯定會充耳不聞！」

「肯定是不會理會的，」我回答道，「要是確定沒有人會接受的提議或建議，那就不會提出來了，確實如此。全然不同的論事內容不會有任何幫助，對那些內心懷有不同觀點的人也起不了作用。這種哲學性的思考方式，在朋友之間可以自由交流，但進不到君王的朝廷裡頭，因為朝廷是以權威在主導重要事務。」

「這就是我要講的，」拉斐爾回答道，「在君王的朝廷裡頭，並沒有哲學的餘地。」

「不，是有的，」我說道，「不過，不是這種思辨性哲學，因為這種哲學將每樣東西都視為類似，且適合套用在任何一個時機點。還有另一種更為靈活的哲學，清楚適用的情境之餘，也會順應環境調整，還能以得體正當的方式教導人去實踐屬於自己的角色。假使舞臺正上演著普勞圖斯（Plautus）[21]的喜劇，一群僕人在飾演各自的角色，此時你以一身哲學家的裝扮登場，嘴裡重現《屋大薇》（*Octavia*）裡頭，塞內卡對尼祿（Nero）說的一段話[22]。這當下，與其混入不同本質的內容，變成一齣胡鬧的悲喜劇，是不是什麼都別說會比較好？因為進入到本質上全然不同的內容之後，即便自己的內容比較好，但還是破壞了整齣戲。因此，盡你所能去演好一齣戲，不要因為有更美好的想法就去攪和。共和國與君王的議會也是如此，若無法根除不良的觀點，也無法按著自己的心意去校正惡習，那麼也千萬不能就此放棄共和國，就如同不能因為無法指揮風向就棄船一樣。見到人們已接納收下的觀念會阻礙你去做出改變的時候，沒有必要以不同的論點來攻擊他們，倒是要竭盡自己的機靈才智，周密策劃找方法來處理問題，如此就算無法讓事情順利進行，也要盡可能減少問題的出現。因為，除非每一個人

21 編註：普勞圖斯，古羅馬劇作家，音樂劇最早的先驅之一，以其喜劇聞名。

22 編註：《屋大薇》，羅馬悲劇，故事講述羅馬皇帝尼祿忽略塞內卡的建言，無法控制自己的情欲，休了妻子克勞迪雅．屋大薇（Claudia Octavia）並另娶新歡。

都是良善的，不然不可能每件事情都會是正確的，而這種好事是我現在不會盼望看到的。」

「根據你的論點，」拉斐爾說道，「我所能做的就是想辦法讓自己不發瘋，同時努力治好他人的癲狂。因為，假使我要說實話，那就是重複我剛剛跟你講的那一些，但若是說謊話，我不知道一位哲學家是否做得到，但我確定自己是做不到。不過，即便我的這些論點對他們來說會很不自在、更不懂得感謝，我還是不明白為何這些人竟看來如此愚蠢、不切實際。事實上，若我提出來的是柏拉圖在《理想國》的規劃，或是烏托邦人所實踐的作為，雖然看來都是更好的想法，但確實與我們設置的制度大有不同，因為我們的制度是建構在私有財產（這是理想國和烏托邦所沒有的）之上，而在烏托邦財產都是公有，所以我不會期望能起到作用。已下定決心要走相反方向的人，向來討厭指出他們前方的危險並叫他們回頭的人。但除此之外，我所提出的論點難道不能或不該在任何地方提出嗎？

若我們將一切陌生的事物視為荒謬、不實際的，那麼就算是信基督的——儘管基督告誡我們不可隱瞞惡行，但卻要在房頂上宣揚祂的教導——也是得放棄絕大部分基督教導我們的觀念。基督的誡命裡頭，最重要的部分與現今人們的生活方式互為對立，遠超乎我的任何一個論點，但是傳道的人似乎已學會你建議我的技能。這些狡猾的人察覺到這個世界不願意按著基督給出的準則改變生活方式，所以如有彈性的鉛製碼尺一樣一般，順應人們的生活調整基督教義，好讓兩者可以互相呼應。然而，除了更安逸於邪惡生活之外，我看不出這順應的調整能帶來什麼效果。這就是我能在朝廷上獲取的成就，我終究是不同於其他人，然後什麼也做不了。要不就是接受他們的觀點，但這樣就像米丘（Micio）在泰倫提烏斯（Terence）的劇作中所說的，我也只能加重這分癲狂了[23]。

我不懂你所謂『周密策劃』的意思，也不懂『竭盡自己的機靈才智，周密策劃找方法來處理問題，如此就算無法讓事情順利進行，也可盡可能減少問題出

23 編註：泰倫提烏斯，羅馬共和時期劇作家，此處典出其喜劇作品《兩兄弟》（*Adelphoe*）。

現』是指什麼。因為朝廷無法容忍一人保持緘默、也不會放任他人的作為，而是得直接表態贊同最糟的建言、接受最陰險的謀劃；要是沒有熱烈贊同這些邪惡作為，那麼就會被當成密探或甚至是叛徒。因此，身處於這樣的環境裡時，要使用你所謂的『周密策劃』來處理事情，根本是辦不到，也沒有任何從事良善事務的機會，因為一個人是無法活出更好的自己，只會跟著腐敗。又或者，不管他人有多邪惡，一人儘管保持堅定與清白，但他人的愚蠢詭計終將歸咎給此人；又或是跟著其他人一同提出建言的話，那麼就算過錯歸屬他人，但勢必還是得負擔起部分責罵。」

「柏拉圖用比喻來說明智者插手政府事務的不合理之處，絕非虛言，」拉斐爾說道，「『要是有一個人成天看到一大群人跑到雨裡，並以淋溼為樂。若他知道去勸告這群人，為預防遇到暴風雨、趕緊回到屋內，也不會有幫助，去跟這群人講話也只會跟這群人一樣淋溼，那麼此人最好還是留在屋內。終究，無力校正他人的愚蠢作為，只好顧全自己就好。』」

「不過，坦白說，我真正的想法是，我不得不承認，只要有私有財產、只要錢財是一切事物的標準，我不認為會有公正或幸福的國家。我們無法達到公正，因為最好的事物都落入最糟糕的人手中；我們無法達到幸福，因為所有的事物都被少數人瓜分（即便這樣，這些少數人也沒有全面幸福），剩餘的人只得過上悲慘無比的生活。反思烏托邦人賢明良善的制度，一切都妥當治理，但法條卻如此之少，美德會有應得的回報，烏托邦裡的共享讓每個人都能過上富足的生活。與烏托邦相比，許多其他國家仍在制定法律，但卻無從讓國家結構達到好的管理。這些國家裡，每個人都有自己的財產，但是制定出來的各種法條卻都沒有辦法保存或捍衛這些財產，甚至無法明確分辨哪些是屬於自己的、哪些是屬於他人的，為此每天都會冒出許多訴訟，且還都遲遲無法判決，全都是鮮明的例證。

我得說，當我在權衡思量全部這些事情時，我越來越贊同柏拉圖，也不會不明白他決意不幫忙制定法條，因為那些人不會願意接受共有一切。一位如此有智慧的人無法不預見，所有事物都得平等地分配，才是讓國家幸福的唯一途徑，只要財產私有就做不到，因為每個人都利用頭銜或其他方式在竭盡所能獲取財富。此舉必然會帶來的結果就是，不論國家多麼富足，少數人會自行瓜分這些財富，其餘的人勢必陷入貧困之中。這當中有兩類人，一類是一無是處且還貪婪不正的富人，另一類的窮人則持續在為公眾服務，不是在為自己而做，而是真誠又謙虛，應該調換這兩類人的錢財才是。自此，我相信，除非是沒了私有財產制度，不然事物無法獲得公平或公正的分配，世間的治理也不會有幸福，因為只要私有財產存在，最出色優秀的人依舊得背負許多煩惱與焦慮。

我承認，我們或許可以減輕一大部分人類身上的壓力，但永遠無法根除。我們可以制定法律來限制每個人擁有的土地與錢財的上限；可以制定法律來限制君王的權力或是人民的傲慢；也可以制定法律來禁止公職的變賣和兜售，或是讓買官變得極為困難，否則出任公職的人會受到誘惑，從事欺詐與暴力來賺回買官時花費的錢財，這樣勢必就得找富人來出任公職，但我們應該要更相信由智者出任公職才是。我認為，這些法條可能會帶來的效果，就像是良好的飲食和照護之於治療瀕臨絕望的病人，或許可緩解與減輕病情，但恐怕永遠無法治癒。只要私有財產制度還在的一天，政治體系即無從養成良好的習慣。政治體系會失去作用，就如同疾病的併發症一樣，治療一處潰瘍會誘發另一處出現潰瘍，移除一個病症就會產生其他病症，而增強身體某個部位就會讓其餘部位變弱。」

「恰恰相反，」我回答道，「在我看來，人無法在一切共有的環境裡自在生活。要是每個人都不想要勞動，沒有收益的盼望來激勵人，那麼對他人辛勞的信賴可能會讓人懶惰，這樣怎麼會有足夠的物資呢？若人們匱乏了，卻無法依法保衛他們擁有的物品，那麼會發生什麼事呢？除了永不停歇的流血動盪，尤其是官員應享有的崇敬與權威不復存在時，會發生些什麼事情呢？因為我無法想見，當一切都是平等的時候，是要如何維繫運作呢？」

「我不覺得奇怪」，拉斐爾說道，「你會有這樣的看法，是因為你對於這種共和國沒有概念，至少是懂得不夠多。若你曾跟我在烏托邦待過，親眼看到他們的法律與規矩，然後跟我一樣前後待了五年時間，期間又跟我一樣與烏托邦人同住，與當地人相處甚歡的話（要不是想讓歐洲人也知道這個新世界，我確實不想離開），那麼你就會坦白表示自己從未見過制度如此適切的民族。」

「你無法這麼簡單就說服我，」彼得說道，「說什麼新世界有個國家治理得比我們的還要好。畢竟我們的理解力不比他們差，我們的政府（若我沒記錯的話）歷史也比較悠久，長期以來的實際經歷幫助我們找到更合宜的生活方式，又因為機運讓我們發掘單憑人的理解力所無法憑空想到的事物。」

「有關烏托邦政府與我們政府的歷史蹤跡，」拉斐爾說道，「除非讀過相關歷史，否則你無法做出明確的判斷。要是烏托邦人的紀錄皆可信，那麼在我們這裡有人居住之前，他們那邊早有城鎮了。不論是偶然發生的，還是出自智者之手，發生在這邊的也可能會發生在他們那邊。就算我們真的比烏托邦人有智慧，但烏托邦人的刻苦耐勞卻大幅超越我們。

在我們抵達當地之前，烏托邦人對我們的了解甚少。他們統稱我們為『赤道外的國家』，當地的大事記裡頭，提到一千兩百年前有艘船在當地海域發生意外，船上的羅馬人和埃及人安全上岸，並在當地度過餘生。從這單一次的機會，烏托邦人展現了他們的聰慧，向意外來到的訪客學習，習得了那些遇難船員們所知的當代羅馬實用技藝。同時，透過船難成員的提點，烏托邦人甚至還發覺一些自己都無從完整解釋的技藝。我們幾位意外出現在烏托邦的岸邊，烏托邦人也樂意善用這次機會。可是，若這樣的事件發生在歐洲，在某個時間點把某個烏托邦人帶來，我們根本就不會善加利用，甚至也不會記得有這件事情，就像或許之後我們的人也不會記得我曾在烏托邦待過一樣。雖說烏托邦人是從一次意外事件才掌握了我們的各種優良發明，但我堅信我們則是需要好長一段時間，才能學習或實踐烏托邦的優良制度。儘管我們的理解力與外在優勢都不比烏托邦人遜色，但這就是烏托邦人比我們治理得更好、生活更幸福的實在原因。」

就在此時，我對拉斐爾說：「我懇求你特別為我們詳述這座島嶼，千萬別太簡略！請依序為我們解說烏托邦的土地、河流、城鎮、人民、風俗、制度、法律，總之就是所有你覺得我們應該知道的內容，儘管就假設我們渴望知道所有關於烏托邦但還沒聽過的事情吧！」

「我很樂意，」拉斐爾說道，「因為所有的事情我都記憶猶新，只不過要花上點時間才行。」

「那我們先用餐吧！然後就有足夠的空閒時間了。」我如此回覆。

拉斐爾同意了，接著我們就進屋用餐，飯後我們回到同個地方坐了下來。我交代僕人，留心不可讓任何人來打擾我們，而彼得與我同樣期望拉斐爾會信守承諾，拉斐爾見到我倆如此專注此事後，停頓、回想了一會兒，隨即開始講述以下的內容。

烏托邦全島圖

第二部

一次由拉斐爾・希適婁岱所主持的討論，關於某個共和國的最理想狀態，由倫敦市民、副司法處長湯瑪斯・摩爾記錄

烏托邦島

「烏托邦島中間寬有三百二十公里，大部分的區域幾乎都等寬，但朝兩側末端逐漸變窄，外型與新月沒有兩樣。兩側尖端中間的海面寬十八公里，中間圍繞一大片圓形海灣，其圓周約莫是八百公里，周圍環繞的陸地可有效阻擋來風。海灣內沒有急流，整個海岸可說是個綿延不斷的大海港，為島嶼上的居民帶來極大的貿易往來之便。不過，進入海灣的入口，一邊的海水不深，一邊的水面下有岩石，因此可說是十分危險。海灣入口中央有顆露出水面的礁岩，不難避開，因為岩石上蓋有一座塔，裡頭還有軍隊駐防，至於其他石頭則藏在海水裡頭，相當危險。只有當地人才清楚此處的航道，所以外來船隻若沒有當地人的帶領就進到海灣，等於是冒上沉船的極大風險，因為要不是海岸邊有記號指引，即便是當地人也未必能夠安全通過。這些記號只要稍有所偏離，不論前來攻打烏托邦的軍船有多厲害，肯定都會撞毀。

島的外側同樣有許多海港；整條海岸線天然的地理條件很好，再加上還有人造的堡壘，因此十分強固，只需要一小群人就可以抵禦大軍登陸。然而，據當地人表示（也有可信的跡象存在），此地一開始並非是座島嶼，而是屬於大陸的一部分。那個時候，征服這塊土地（原先稱為『阿布拉克薩』[1]）的烏托布斯王（Utopus，此地至此之後便以他的名字命名），給未開化的在地粗魯居民，帶來優良的政府與風俗，制度好到讓現在的居民比其他人類都還要卓越。當時，烏托布斯沒有花太多時間就控制住了在地居民，隨後便規劃讓居民脫離大陸、讓大海環繞。為實現計畫，烏托布斯下令開挖寬二十四公里的深溝；為了不讓當地居民認為被當成了奴隸對待，烏托布斯不只是強行要求居民動手，同時也要求了自己的士兵，全部的人都要一起挖掘。就在烏托布斯出動一大堆人力之後，工程很快就完成了。這完全出乎大家的意料，因為一開始周圍鄰國都在嘲笑烏托布斯的愚蠢行為，但看到順利完工之後，無不欽佩與畏懼。」

「島上有五十四座城市，全都是建造良好的大城市。各市的禮儀、風俗、法律，全都是一樣的，且只要所在地點的環境允許，城市設計也都盡可能相同。城市與城市之間，至少距離三十八公里，但最遠的也不會太遠，乃是走路一天即可以抵達的距離。

每年每座城市都會派出最有智慧的三位人士，來到阿卯羅特商討共同議題。阿卯羅特是島上的主要城市，位在島嶼的中心點位置附近，所以是最方便開會的地點。每座城市的轄區，至少向外延伸了三十二公里當做農地，距離越遠的城市擁有的土地也越多，但沒有城市想要擴大範圍，因為大家都不認為自己是地主，而是佃戶。各地皆可見到農夫興建的農舍，設計精良，還配置了農事勞動所需的一切。居民皆會輪流被派過來農舍居住。每一戶至少有四十位男性與女性，外加上兩位奴隸，且各有一位認真且慎重的男主人與女主人，而三十戶以上者則會有

1　編註：阿布拉克薩（Abraxa），古希臘文 Abraxas 之變體，為諾斯底教義中三百六十五層天中的最高天。

一位官員。每年每戶皆會有二十位待滿兩年的成員要返回到城市，而空出來的房間則給另外二十位從城市派來的成員使用，這群成員要在此向已經在農村待了一年的成員學習農耕，明年則會交由這群成員負責教導從城市派來的新一批成員。如此一來，居住在農村裡的人不會對農耕工作一竅不通，可避免因犯錯而落入糧食短缺的危急情況。雖然每年都會調換從事農耕的人，以免有成員感覺是被迫來過上長時間的艱苦生活，不過有許多人卻感到樂此不疲，還希望可獲准繼續留在農村多年。這些農夫會耕種田地、飼養牲畜、砍伐木材，且藉由水路或是陸路，以最便利的運送方式將物產運往城市。

這裡的農夫以相當奇特的方式，飼養大量的雞隻。母雞不會坐著孵蛋，大批雞蛋是在溫和均勻的溫度下由農夫們孵化，小雞破殼出來後，隨即就能四處走動，並把餵養小雞的成員當成母親，跟隨在成員身後，模樣就跟母雞孵化出來的小雞，跟在母雞後面走一樣。此處飼養的馬匹數量非常少，但馬兒卻都非常有活力，飼養的目的是為了訓練年輕人騎馬，因此不會用於耕地或是運輸的農事用途，那些是牛隻的工作。縱然馬兒較為強健，但牛的耐力比較好，也比較不會染上那麼多的疾病，因此飼養起來的負擔小、也省事。而且，牛隻即便是操勞到無法從事勞動了，最後還可以供應可口的牛肉。

農夫栽種的穀類只用來製作麵包，當地人喝的是葡萄酒、蘋果酒和梨子酒，也時常會喝水，他們的水有時會加入蜂蜜或甘草一起煮沸，而蜂蜜和甘草都是當地產量豐沛的作物。縱使他們確切知道每個城市與全國上下需要多少穀物，但農夫耕種的作物與飼養的牲畜，數量遠超過所需的消費，因此不需要的多餘產量便會供應給鄰近的國家。每當缺少農村所沒有的物品時，農夫會從城市裡取得，且還不需要以任何物品交換即可獲得。無論有沒有缺少物品，農夫們通常每個月會進城一次，參加慶典。又，當採收時節來臨之際，農村的官員會通知城市的官員，告知需要多少人手來協助收割，而所需的人手數量會被派過來，且通常只需一個晴天就能完成收割工作。」

烏托邦的城市，阿卯羅特甚是

「只要認識一座他們的城市，便能了解所有的城市。除非是受限於地理環境，造成一些差異之外，每個城市都很相似。因此，我應當來描述其中一座城市，而這自然就屬阿卯羅特最為合適了，沒有一座城市比阿卯羅特更為出名（其他城市都要讓位，因為該城是最高議會的所在地），此外這也是我最熟知的城市，因為我在此居住了五年時間。」

「阿卯羅特地處山坡，更精確來說是在一塊隆起的地面上。城市的形狀近似方形，稍微較短的那一側幾乎是一路延伸到山坡的頂端，然後又向下綿延三・二公里，直達安尼德河，但沿著河流堤岸的另一邊則顯得略長一些。安尼德河的源頭位在阿卯羅特北方約一百二十八公里的地方，原本只是一處小泉水，但隨著其他溪流注入，包括兩條十分大的溪流，所以流經阿卯羅特時，河面已有八百公尺寬，並持續擴大，一路又流經九十六公里才匯流入海。在阿卯羅特與大海之間，以及阿卯羅特北方幾公里處開始，安尼德河每六小時就會出現帶有強勁水流的漲潮與退潮。漲潮時，潮水約莫會湧進四十八公里，此時安尼德河裡頭滿是鹹水，淡水被河水的力量給一路往回推進；往上游走，有好幾公里的河水都還是有些鹹味，但再往上游過去一些，河流流經阿卯羅特時，河水已成淡水。退潮時，整條河都是淡水，一路流向大海。

有座橋橫跨安尼德河，不是木造橋，而是大石塊砌成的拱橋，氣勢不凡。該橋座落在阿卯羅特距離大海最遠的一頭，好方便船隻自由停靠。同樣地，另有條河流經阿卯羅特，雖不是條大河，但卻是條宜人又溫和的河流，其源頭位在阿卯羅特所在的山丘，一路流經市區後，匯入安尼德河。這裡的居民在城外設防保護此河的源頭，要是遇到被敵軍圍困了，那麼敵人也無法切斷水源、改變水道，或是往河水裡下毒。河水經由陶管，一路傳輸到位置較低的街道。至於這條小河河水傳送不到的地區，則設有大型蓄水池接收雨水，提供給其他需求與用途。

這座城市四周皆有厚實的高牆圍繞，上頭有許多塔樓與堡壘，另有條寬又深的溝渠圍繞著城市的三面，溝渠裡布滿了荊棘，至於第四面沒有溝渠而有河流。城市裡的街道非常適合馬車行駛，同時防風措施也做得相當好。城市裡的建築也都蓋得很好，整齊劃一，一整條街的建築看起來就像是一整排大房子。街道寬六公尺，每棟房子皆有後院，這些大院子四周皆有建築物，而建築物都面向街道，因此每間屋子皆有一扇門通往街道，另有一扇後門通往院子。這些門皆有兩道門扇，非常容易打開，也會自行闔上。由於這裡的居民都沒有私有財產，所以每個人皆可以自由進出每一間屋子，且每隔十年還會抽籤搬家。居民悉心照料院子，可見到葡萄藤、果樹、香草、花朵，植株受到細心維護，顯得井然有序，我從未見過像他們這樣美觀且產量豐富的院子。如此精心打理院子，不僅僅是因為喜好的緣故，更是數條街道上居民之間相互仿效、競爭的結果。其實，對整座城市而言，沒有比院子更為實用且賞心悅目的了，因此創建這座城市的人似乎就是十分在意院子。據稱，一開始這座城市整個都是烏托布斯規劃的，不過，烏托布斯把裝飾與改善工作交由後人來處理，因為把全部工作交給同一個人的話，很難做到完美。

烏托邦這裡的紀錄詳細記載了該城與整個國家的歷史，時間可追溯到一千七百六十年以前。從紀錄來看，以前的房子都很粗糙，又低又矮，就像農舍一樣，乃是使用隨意挑選到的木材建造而成，另外還會有土牆和茅草屋頂。不過，現在該城的房屋是三層樓高，建築的正面選用石塊、灰泥或磚塊，並於牆與牆之間塞入碎石。平坦的屋頂鋪上類似灰泥的材質，成本很低但調製得相當好、不易著火，比鉛更容易抵禦天氣變化。由於當地有大量的玻璃，所以可以在窗戶上安裝玻璃，有些窗戶則使用輕薄的亞麻布，布上會抹油或是塗膠，既可擋風也可透一些光線入屋[2]。」

烏托邦的官員

「每年三十個家庭會選出一位官員，古時稱做為『塞佛葛蘭特』，現今則稱為『費爾拉克』[3]。每十位塞佛葛蘭特及其所屬的家庭，又會再有一位古時稱為『崔尼博爾』[4,5]的主任官員，但後來改稱為『大費爾拉克』。全部的塞佛葛蘭特計有兩百人，這群人會從阿卯羅特四大地區人民提名的四名人士之中挑選出君侯。不過，展開選舉之前，這群人會發誓選出自己認為最合適出任該職位的人

2 編註：玻璃窗戶在十六世紀的英國並不常見，人們大多使用泡過油的亞麻布、動物犄角薄片和木製或籐製的格柵來當作窗扇。

3 編註：塞佛葛蘭特（Syphogrant），由古希臘文 gerontes 和 sophos 或 sypheos 組成，意即「睿智的老人」或「豬圈裡的老人」。費爾拉克（Philarch），由古希臘文 arches 和 phyle 或 phileo 組成，意即「一族之治理者」或「喜愛權利」。

4 譯註：後續譯為「主任官員」。

5 編註：崔尼博爾（Tranibore），由古希臘文 tranos 和 boros 組成，意即「不加修飾的貪婪」。

士，且會採取祕密投票，所以彼此不會知道對方投給了誰。君侯這分工作得做一輩子，但若被懷疑計謀要奴役人民，那麼就會被免職。每年都會選出新任的主任官員，不過多數情況是會連任，至於其他官員的任期則是一年。主任官員每兩天就要開會，若有必要就會更頻繁，他們與君侯商討國家整體事務，以及雖然不常發生，但也得解決人民之間發生的個別糾紛。每回都會有兩位塞佛葛蘭特被請到參議會，而每天請來的成員皆不相同。這裡的政府有項基本原則，即與公眾有關的事務一定要先在參議會裡頭，歷經三天辯論，爾後才能下定論。此外，除了在常規議會或是全體人民集會上，任何人私下開會商討國家事務都是死罪。」

「君侯與主任官員之間有諸多的規則與限制，因此無從共謀改變政府或奴役人民。每當要準備討論非常重要的議題時，皆會通知全體塞佛葛蘭特，並交由他們與其所屬地區的家庭溝通討論，之後才回報給參議會。若是十分重大的議題，則會提交給整座島嶼的參議會。參議會裡可觀察到一項規矩，那就是首次提出來的議題不會在當天討論，而是延到下一次開會討論。如此，大家就不用冒險提出當場想到的但卻可能缺乏遠見的權宜之計，且大家也不會輕易、草率地展開激烈討論，進而發生偏見，出現與其追求公眾的利益，倒是使盡全力找出支持自己最初觀點的證據，這是缺乏羞恥感與一意孤行造成的，所以寧可危及國家，也不願意冒上損害自己聲譽的風險。為了避免發生此類事情，大家會確保自己的行為是謹慎而非倉促的。」

烏托邦的行業與生活方式

「這裡全部的人都懂得農業，不管是男人還是女人，沒有一個人對農業是一竅不通的。大家自小就會學習務農，在學校裡也要學習農務，還會被帶到城市周圍的田地，不止是觀看農夫工作，同時也會實地練習。除了農耕之外，每個人也都擁有特殊手藝的工作，像是以羊毛或亞麻製作衣物，以及石工、鐵匠、木工，不過沒有一種行業特別受到敬重。

整座島上的人，全都穿著同樣類型的服飾，除了有區別性別、單身與已婚的必要之外，服裝都是相同的。這裡的時尚不會變動，但衣物的款式並不難看，也不會在工作時造成肢體移動的不便，而且針對夏季與冬季有不同的安排，非常適合當地的氣候。每個家庭都會自行製作衣物，但不論男女，這裡的人皆會一、兩樣上述的手藝，女性多數從事與羊毛和亞麻相關的工作，最符合女性的柔弱，而較為粗重的工作就交給男性了。一般來說，兒子會向父親學習手藝，這是自然傾向使然，但若孩童對其他工作較有興趣，便會透過收養進入從事該項手藝的家庭。不止是父親，連官員也要負起責任，好確保孩童是交給審慎、良善之士照顧。假使學習一樣手藝之後，還想要學習新的手藝，那也是可以的，處理方式如同上述。習得兩項手藝之後，除非人民有特定需要的手藝，否則此人可以選擇自己最喜愛的手藝。

官員的主要職責，也幾乎可說是唯一的工作，那就是確保沒有人整天無所事事地過生活，而是勤奮做好自己的工作。不過，這裡的人倒也不是操勞的牲畜，從早到晚不停地工作，不然就成了工作沉重的奴隸了，那是烏托邦之外的人普遍過上的機械式生活。烏托邦人把日夜分成二十四個小時，有六小時用來工作，午餐前工作三小時，吃完午餐休息兩小時，再工作三小時，工作結束後用晚餐，來到正午過後的八點鐘時就寢，睡滿八小時後起床。扣除工作、用餐、睡覺之後的剩餘時間，個人可以自行決定要如何運用，但大家也不會白白浪費時間或是奢華度過，而是依據個人的喜好選擇合適的活動，多數的烏托邦人會選擇閱讀。又，每天天亮之際皆會有公開的演講活動，被標記為文學人才的人民得出席之外，其餘的人都不強制出席，但是許多男人與女人以及各式各樣的人民，則會按著自己的喜好，選擇出席演講活動，這時不善思考的人民選擇做自己的工作也不會被阻攔，而是會被讚揚是在為國家服務，這樣的人不在少數。

晚餐過後，烏托邦人會花一小時在休閒活動上，夏天會在院子裡，冬天則是在吃飯的大堂，大家彼此談天說地和享受音樂。烏托邦人不清楚什麼是骰子，也不明白這類愚昧又不當的賭博遊戲，但有兩種跟我們玩的下棋很像的遊戲。一種是數字遊戲，即某個數字可以吃掉另一個數字。第二種遊戲很有趣，是一種善與惡的戰爭，當中我們看到各種邪惡如何彼此對立，但又共同對抗良善；接著是哪些邪惡與哪些良善相互抗衡，邪惡會公開攻擊良善或以祕密手段進行破壞，但另一方面良善會奮起抵抗邪惡或以機智來破解詭計；最後則是能看到善惡兩邊分別需要運用哪些手段才能獲得勝利。

我們需要再來細談一下指定的勞動時間，不然你可能會覺得只規定工作六小時的話，烏托邦人的必需品可能會出現短缺。若你覺得這樣的工作時間不足以充分供應各種物品，無論是必需品，還是讓生活更便利的物品，那你就錯了。各種物產在烏托邦的產量都是有剩的。試想其他國家裡，有一大群整天都無所事事的人，這樣就不難理解了；首先，人數占了一半的女性要做的事情通常都很少，但若某些少部分女性很勤奮工作的話，她們的丈夫又會偷懶不工作；再者，還有一大群沒有生產力的祭司，以及所謂的神職人員，外加上所有的富人，主要就是擁有土地的地主，他們被稱為貴族與士紳，以及他們的隨從，盡是一群無所事事的人，不具生產力，只會拋頭露面而已；除此之外，還要算上那些好手好腳卻裝病乞討的乞丐。加總起來，你會發現生產一切人類生活必需品所需要的勞動人口比你所預期的要少很多。

此外，再試想一下，在其他國家裡頭，這些有在工作的人，有多少人是從事真切的工作？又，因為我們用金錢衡量一切，所以助長了許多空泛無用的行業，為的就只是要有奢華與狂歡。如果工人只從事提供生活所需之工作的話，那麼物產就會很豐沛，價格也會下降，商人就不會有利可圖了。如果從事無用工作的人改去做有用的工作，懶散怠惰虛度光陰的人（他們吃的還跟兩位工人一樣多）被迫開始勞動的話，那麼便可輕易想見，只需要用一小部分的時間，就能生產人類生活中所需的所有物品，不論是必需的、為我們帶來方便的，或是讓我們感受到自然、真切的愉快的。

這一點在烏托邦展現無遺，因為即便是在大城市裡，在周圍的領土上，無論男女，你大費周章也只能找到五百個不需按著各自的年齡與氣力勞動的人。就算是官員獲得法律許可，可以不用工作，但官員卻不會以此為藉口不工作，因為他們會想要以身作則，鼓勵其他人民要勤奮。同樣獲得法律特許不用工作的，還有經由祭司推薦和官員祕密投票出來的人選，這類人乃是要全心投入學習，但若未能達到一開始所給出的期望，那麼就得重新投入勞動。有時，工匠運用閒暇時間學習，取得顯著的進步，此時就不再是名工匠，改歸為學者。烏托邦的大使、祭司、主任官員、君侯，全都是出身學者，古時稱學者為『巴薩奈斯』，現今改稱為『阿德姆斯』[6]。」

「因此，烏托邦人大多不會無所事事，也不會從事無用的工作，在規定的數小時勞動時間內能大量生產也就顯得理所當然。不過，除了上述提到的以外，也要考量到，比起其他地方，烏托邦人擁有工作所需的技藝，所以需要的人力也比較少。在我們這邊，建造或是修繕房子需要大量的人力，那是因為父親建造的房子，性格揮霍的兒子任其日益損壞，而之後的繼承人就得花費巨資來修復，但其實原本只需要一小筆修繕費即可；還有個時常發生的情況，那就是某人斥資建造的房子，另一人卻不怎麼喜歡，認為自己有更細緻的建築審美觀，所以當房子損壞時，此人就一樣斥資建造另一棟房子。然而，烏托邦善加規範所有東西，因此烏托邦人鮮少需要蓋新房子；不只是會迅速修繕房子，同時在預防房子倒塌方面展現出獨到的遠見，所以只需要一點人力，房子就能善加保存；因此，建造房屋的人因為沒有工可以做，所以就去伐木和砌石，以便突然需要修補房子。

服飾的部分，可以看到烏托邦人花費在衣服上的心力是那麼地少。工作時，烏托邦人身穿皮革與毛皮剪裁而成的衣物，這可以穿上七年。來到公眾場所時，則會穿上外套，好遮蓋底下的服飾，而衣服的顏色都一樣，皆是羊毛天然的顏色。比起其他地方，烏托邦需要的羊毛布料數量少很多，所以花費也少很多，儘管如此，他們更常使用亞麻布，因為製作起來比較不費工。烏托邦人看待布料的價值，只在於亞麻布的潔白程度以及羊毛的乾淨程度，完全不在意紗線的精細程度。在其他地方的話，用羊毛布料製作四、五件不同顏色的外套，外加上許多件絲綢背心，也很難滿足一個人，不過更吹毛求疵的人連十件都嫌少。但在烏托邦的話，大家只要有一件外套就滿足了，而且經常一穿就是兩年，沒有什麼能誘惑烏托邦人想要更多衣物，因為既不會更暖，也不會讓人變好看。

6 編註：巴薩奈斯（Barzenes），由古希臘文 barion 和 zanides 組成，意即「牛隻的領導者」；另一說由希伯來文 bar 和多利亞希臘語 Zanos 組成，意即「宙斯之子」。阿德姆斯（Ademus），由古希臘文 a 和 demos 組成，意即「缺少人民」。

由於大家都從事有用的勞動，所需的人力也較少，因此他們的各種物品都很充裕，在有需要時，會有一大批人被派去修建道路。不過，當沒有公共事務需要人力時，大家的工作時間就會縮減。官員從不會讓人民去做沒必要的勞動，因為烏托邦的組成，主要宗旨就是依據公眾需求來調度勞力，好讓人民盡可能有所需的時間來提升心智，因為烏托邦人認為心智才是幸福生活的所在。」

烏托邦的人際往來與貿易

「現在，我們該來談談烏托邦人的人際往來與貿易方式，以及各種事務的分配準則。」

「由於各個城市都是由家庭所組成，所以家庭成員彼此的關係都很密切。女性長大便會出嫁並隨夫而居，但所有的男性，無論是第二代還是第三代，仍會住在自己的家裡，順從家裡最年長的那一位大家長，但若年歲過高以至於理解力變差了，那麼就會由排序第二年長的長者接替一家之主的位置。為了避免城市規模過於龐大，或是被迫得遷移人民，烏托邦規定沒有一座城市的人口可容納超過六千人，不過周圍農村的人口數未計入其中。每個家庭的成員不可低於十人，也不可多過十六人，但未成年子女的數量未有明確的規定。只要把一些人數太多的家戶中的成年人轉移到人數太少的家戶，即可輕易遵循這條規定。

依據同樣的規則，人口不足的城市可接收來自於人口過盛的城市快速成長的人民，要是整座島嶼的人口超出限制了，那麼就會從數個城市裡分別選出一些人民，前往鄰近的大陸。抵達之後，他們會在當地居民多餘、未耕作的土地上成立殖民地。要是當地居民願意與他們同住的話，即可讓他們融入烏托邦社會；由於是出自於自願，所以很快就會過上烏托邦人的生活方式，也遵守烏托邦人的規定，這對雙方來說都是美好的。根據烏托邦的想法，土地受到這般照料，所以雙方都很富足，但先前只有單一方時，土地顯得貧瘠有限。假使當地居民拒絕接受烏托邦的法律，那麼烏托邦人便會劃下界線，驅逐不遵從烏托邦法律的人，遇有反抗情況就會施以武力。烏托邦人認為，一國阻止他人占據一部分沒在使用的閒置荒地，已足以構成發動戰爭的理由，因為依據大自然的法則，為了生存，每個人都擁有取得荒地的權力。

如果遇到意外發生，烏托邦某個城市的居民數量減少，且無從遷移島上其他城市居民來補足人口，因為這樣其他城市居民也會減少太多（據稱自有烏托邦人以來，至今只發生過兩次，當時有大量人口死於瘟疫），那麼就會從殖民地召回所需的人口，原因是寧可遺棄殖民地，也不能讓烏托邦島上的城市規模縮減得太厲害。」

「我們回到烏托邦社會的生活方式，如同前面所談到的，每個家庭裡最年長的男性就是大家長。妻子照料丈夫，小孩照料父母，年紀輕的總要照料年紀大的。每座城市會分成四個等大的區塊，每個區塊的中心都有個市集。每個家庭會把自己製作的東西帶來，放置在倉庫裡，並自行把同一種類的物品整理在一起。每位父親都會來到這裡，取走個人或家庭所需的東西，無須付錢，也不用留下任何東西做為交換。由於物品很充足，所以沒有理由拒絕任何人，也不會有人索取超過需求的數量，因為烏托邦人很確定需求一定會有供應，所以沒有過度索取的誘因。正是因為害怕會有匱乏，所以動物族群要不就是很貪婪、要不就是很飢渴。除了害怕匱乏，人類身上還有一種驕傲，認為自己的奢華程度與排場超過他人就是種殊榮，不過在烏托邦法律之下，並沒有這種機會存在。烏托邦的市集附近還有各種糧食供給，農民會把各種蔬菜、水果、麵包，還有魚類、家禽與牲畜的肉帶到此處。

城市外頭，接近流水的地方，另有指定為屠宰、清洗牲畜的地點，這類工作皆交由奴隸來做，烏托邦人不必因宰殺牲畜而受苦。烏托邦人生性善良又有憐憫之心，這是我們人類生來就有的，乃是最棒的情感，但卻因為屠殺動物而遭逢傷損。此外，烏托邦人無須忍受汙穢不潔的東西進入城市，也不會有難聞的空氣，這可能都會損害健康。

每一條街上皆有大堂，彼此距離相等，以特定取名加以區分，官員們就住在這裡。每個大堂都有三十個家庭——街道的一邊十五個，另一邊也十五個——被分配至其中，大家會聚集在大堂享用食物。每個大堂的管家會在指定的時間來到市集，依據自己所負責的人數帶回食物。

比起其他民族，烏托邦人更懂得優先照顧生病的人，並把病人全都安置在公立醫院裡。每座城市皆有四家醫院，蓋在市界上、城牆外側，院區沒有圍牆，面積還相當大，有些大到跟小城鎮沒兩樣。如此一來，就算有非常大量的病患，也還是能夠輕鬆安置，又因為有距離，所以遇到患上傳染病的也可以好好安置、遠離其他病患，免除被感染的風險。醫院裡配置齊全，備有各種病患所需的物品，有利於病患早日康復。他們受到的照護也十分細心溫柔，經驗老道的醫師也會持續前來關心。沒有人是被迫來到醫院的，城市裡頭一旦有人生病了，幾乎沒有人會選擇待在家裡，而是會來到醫院。」

「醫院的管理人會依據醫師的交代來到市集取走所需的物品，之後剩餘的物品，最好的會均分給各個大堂，但前提是要先提供給君侯、主教、大官員，以及大使和外來者，少有外來人來到烏托邦，但有人來訪的時候，勢必會特別備好設備齊全的房子來接待。午餐和晚餐的時候，除了醫院裡的病患和待在家裡休養的人以外，所有居民聽到小號聲後，會聚集在大堂一起用餐。在大堂用完餐之後，沒有人會阻止有人從市集拿食物回家，因為大家都知道，要不是有特別的原因，沒有人會這麼做。縱然可以在家裡用餐，但沒有人會願意在家吃飯，因為伸手可及的是準備好的豐盛菜肴，所以給自己找麻煩準備一頓不怎麼樣的餐點，看來十分荒謬可笑。大堂裡的粗活與骯髒的工作，全都是交由奴隸來打理，但菜色的規劃以及料理和烹飪，則是由每個家庭的女性輪流負責。依據人數而定，大家會分坐在三張或更多張的桌子，男人靠牆而坐，女人則坐在外側。如此一來，席間她們若有突發狀況，便可不打擾其他人，自行起身離席前往哺乳室（哺育嬰孩使用的場所），那房間裡總是有保母在，且備有乾淨可用的水，以及若有需要就可以安放嬰孩的搖籃，還有火堆，好讓母子可以在火堆前更衣、休息、補充精力。

只要沒有發生死亡或生病的情況，每個孩子都是由自己的母親乳養，但若有生病或死亡的情事，那麼官員的太太們會儘速找到乳母。由於每個可以哺乳的人都會很樂意協助，所以並不是一件困難的事，這是因為大家都很喜愛這種慈善的作為，而受哺乳的小孩則視乳母為母親。用餐時，五歲以下的孩童全都與保母坐在一起。至於，未到適婚年齡的少男少女，則是要在餐桌旁服務大家，要是氣力不夠，那就靜默站在一旁，這群年輕男女沒有固定的用餐時間，而是直接食用餐桌邊的人拿給他們的食物。

首張桌子擺在大堂最高的位置，且與其他桌子垂直，因此全部人的用餐情形一覽無遺。這張桌子中間坐著官員與他的妻子，這是整個大堂裡地位最崇高的位置。官員的身旁坐著兩位最年長的長者，因為用餐時總是以四個人為單位；若該區內有會堂，那麼祭司與他的妻子便會與官員齊坐。他們的兩側的桌子坐的是年輕人，再下一桌則是老年人，整個大堂以此類推，這樣一來既能讓年輕人坐在一起，也能讓他們跟年長者互動交流。當地人表示，之所以這麼安排，是因為老人家一旦坐在年輕人四周，他們的穩重與應受到的敬重，可避免年輕人出現不雅的言語或舉止。提供餐點的順序並不是依照桌子的排列，而是把最好的餐點先擺到座位顯眼的年長者面前，接下來才照人數分配剩餘的餐點。年長者若有意願，便會把擺在他們面前、不夠所有人都吃到的特別餐點與周遭的年輕人分享。」

「因此，年長者會受到該有的敬重，但其他人也同樣受惠。開始享用午餐和晚餐時，大家會聽到有人朗讀道德教誨，長度都很短，所以聽的人不會感到乏味或不耐。根據教誨的內容，老年人會展開分享些實用輕鬆的相關話題，但卻不會在整頓飯下來滔滔不絕，導致年輕人無法參與；相反地，年長者會讓年輕人開口分享，藉由自由交談的方式，探求、了解每個人的內在力量與性格。

烏托邦人的午餐吃得較少，但晚餐則會吃得較豐盛，因為一頓是吃完就得回去工作，而另一頓結束後就可以去睡覺了，他們認為這樣食物在腸胃裡會消化得更好。晚餐時一定不會沒有音樂，餐後也一定會有甜點，此外餐桌上會有點燃的薰香，還會有香膏和香水。總之，凡是可以提振心情的一切，準備都會很豐沛，好讓大家可以自在地沉浸於愉悅之中。城市裡，大家就是這樣生活在一起，但在農村的話，由於住地遠，所以大家都在家裡用餐。沒有一個農村家庭有什麼缺乏的糧食，因為糧食本是農村提供給住在城市裡的人。」

烏托邦的交通旅行

如果有烏托邦人想要去其他城市拜訪朋友，又或是想要去國內其他地方旅行，只要家裡沒有特別的事情得處理時，那麼就可以向官員和主任官員輕易取得許可。旅者會帶上君侯給的出行證，上頭除了有證明外，也載明了返回日期的期限。旅者會配上一輛牛車，以及負責趕牛與照料旅者的奴隸，除非同行的旅者有女性，不然牛車會被當作是沒必要的累贅而退回。在外時，旅者不會帶上糧食，但卻什麼都不缺，因為所到之處皆會像是回到家裡一樣受到款待。要是在某個地方待超過一夜，那麼旅者就會從事自己職業的工作，當地同職業的人也會善加利用旅者的勞力。要是有人離開所屬的城市，四處亂晃但卻沒有攜帶出行證，那麼就會被當作是逃犯而遭到嚴厲處置，不光彩地被送回家去，且若要是再犯的話，那麼就會被貶為奴隸。如果有人想要在所屬的城市裡旅行，只要取得父親的許可與妻子的同意，那麼便可自由出行；不過，要是來到農村，希望可以受到款待，那麼就得與農夫一起勞動，並遵循當地的規矩；所以，旅者可在城市範圍內，四處自由行走，且還會被看待成依舊對城市在做出貢獻。因此，他們當中沒有閒人，沒有任何可以不勞動的假藉口。城市裡頭，沒有酒館、酒吧、妓院，也沒有任何可以彼此墮落、藏頭露尾、集結黨派的機會。每個人都在光天化日之下生活，全都有義務完成日常的工作，空閒時還會好好運用時間。可以確定的是，如此有秩序的民族生活必是物產豐足，且所有的物品都會均分給每一個人，沒有人會匱乏，也不會有需要去乞討。」

「每年每座城市都會派出三名人士參加阿卯羅特參議會，負責去檢查哪些城市的糧食豐沛無虞、哪些城市的糧食出現短缺，好讓城市之間可相互支援。這樣的支應全是免費的，也沒有以物易物的情況，因為各城市依據豐足與缺乏的情形，相互供給往來，終究整座島嶼本就是一個大家庭。全國上下照料好之後，會再囤積兩年所需的糧食（這麼做是為了預防遇到收穫不佳的年分），然後才會下令把多餘的穀物、蜂蜜、羊毛、亞麻、木材、蠟、動物脂肪、皮革、牲畜銷往國外，每每運出國的時候，數量都很龐大。

烏托邦會要求接收物品的國家，把其中的七分之一物品免費送給貧困的人，剩餘的物品也得以適切的價格出售，而交換回來的是烏托邦境內所需的物品（其實，除了鐵，烏托邦人什麼都不缺），以及一大堆的金銀。由於這種貿易進行了好長一段時間，所以無法想像烏托邦累積了多少財寶，也因為如此，烏托邦人已不大在意是要以現金交易，還是賒帳買賣。烏托邦的財寶當中，現在有一大部分是欠條，但對象皆不是個人，而是以城市的名義簽署的，至於欠烏托邦錢財的城市，則是要從欠城市錢財的私人口袋中湊齊金額，這些錢財就放置在城市的公庫，又或是放著賺取利息，直到烏托邦人要求支付款項為止。依據烏托邦人的觀點，認為這筆錢財應該放在有需要的人身上，而非要求支付款項。不過，要是遇到鄰國需要錢財的時候，那麼烏托邦便會要求欠方支付款項，並將資金借給有需要的鄰國。

烏托邦只有在參與戰爭時，這些財寶才會出現有效利用的機會，他們此時就會為自己花費這些錢財。在最困難的情況之下，或是發生突發事故，烏托邦人會僱用外國軍隊，因為比起本國人，烏托邦人較願意讓外國人身陷危險之中。烏托邦人支付外國軍隊高額費用，原因是知道高額費用也會在敵軍起到作用，達到叛逃到烏托邦這一邊的效果，又或是至少會退出原有的軍隊，而這就是引發相互忌妒最好的手段。為此，烏托邦的財富規模十分驚人，但他們卻不把這些財寶當作是寶藏。我幾乎不敢跟你解釋烏托邦人看待財寶的方式，免得你們覺得我是在誇大而難以相信。這我有充足的理由，因為要不是我親眼所見，我也不會因為有人這樣說就輕易採信。」

「可以肯定的是，在我們看來全都很不可思議，因為這與我們所知的差距甚遠。然而，懂得如何正確判斷的人卻一點也不會感到驚訝，這是因為烏托邦的體制與我們的體制本就大不相同，所以烏托邦人以完全不同的標準在看待金銀的價值。烏托邦人之間並沒有使用金錢，金錢是為了罕見出現的事件所做的準備，且事件發生的時間區隔都還很長，所以看待金錢的價值也就只有用做這個目的了。顯然，比起金銀，烏托邦人更喜歡鐵，因為就跟火或水一樣，人沒有鐵就活不下去，且大自然也沒有彰顯出其他金屬不可輕易被鄙棄的必要性。愚蠢的人類，只因為金銀的數量稀少，所以就提高金銀的價值，不過烏托邦人的想法則是相反，認為大自然是慈愛的大家長，早已為我們免費且豐沛地供應最棒的東西，如：水和土，然後把虛華無用的東西給埋藏了起來。

「若把這些珍稀金屬置於烏托邦境內的塔樓，可能會引起君侯與參議會成員的嫉妒，也容易造成人們掉入不明智與不信任之中，猜忌意圖，犧牲公眾利益，謀取私利。若把這些金屬製成器皿或是碗盆，則擔憂人們會過於喜愛，一旦戰事發生需要金銀支付軍隊時，人們會不願意融化這些金屬。為預防出現這類問題，烏托邦人想到了個應對方法，此方法也符合烏托邦的其他政策，但卻與我們的政策內容截然不同，所以會讓如此看重、慎重保存黃金的我們難以置信。

烏托邦人使用陶製或是玻璃製的飲食器皿，雖是脆弱的材質，但卻相當美觀，至於大堂和私人住宅裡的便壺和便座，則是用金與銀製成的，也用來製成奴隸的鎖鏈和鐐銬，為了標示出行惡者，還會強迫他們戴上金耳環或是金鏈子、金頭箍。烏托邦人用盡一切方法，就是要讓金與銀變成無尊嚴的象徵。因此，（遇到有用途的時候）烏托邦人可以輕易地拿出金與銀，那態度就如同我們丟失一便士那般，但要其他國家人民捨棄金銀時，那股不情願宛如是要被開腸破肚了。

此外，烏托邦的海岸邊可找到珍珠，而石壁上有鑽石和紅寶石，但烏托邦人不會特意去尋找這些東西，要是不小心看到了，那就會在拋光擦亮之後用來裝扮孩子，而孩童也會很開心、特別喜愛，不過長大後發現只有小孩穿戴這類物品，所以不需要父母交代，便會自行把這類玩意放置一旁，因為那羞愧感就猶如我們這邊的孩子長大後還在玩各類玩具與玩偶一樣。」

「不同文化習俗會給人帶來不同的影響，而我再也沒見過更清楚的例子能展現出截然不同相反的印象，也就是阿尼莫利亞[7]大使到訪阿卯羅特期間，我從他們身上所觀察到的。我當時人正好在阿卯羅特，三位大使來到此地拜訪。這一群人是前來處理重大事務，烏托邦數個城市的代表也聚集在此迎接。烏托邦周圍的鄰國都很清楚烏托邦的文化與習慣，不重視華麗的衣飾，鄙視絲綢，黃金象徵的是惡行，所以到訪時總是一身樸素。不過，阿尼莫利亞人距離遙遠，與烏托邦少有往來，認為烏托邦人衣著粗糙，還都一個樣，自然也認定烏托邦人沒有擁有、也沒有使用那些精美的物品。阿尼莫利亞人不聰明，是個虛榮的民族，所以決定要盛裝打扮，想看起來像神一樣，好讓可憐的烏托邦人眼睛為之一亮。入城時，三位大使帶著上百名隨從，隨從全都穿著不同顏色的服裝，大部分還都是絲綢做的衣服，而大使既然是國家貴族，當然是穿著黃金織布製成的服飾，配戴黃金製成的大項鍊、大耳環、大戒指，帽子上更是有珍珠和寶石製成的鏈子裝飾，總之這一行人穿戴在身上的，盡是烏托邦人認為是載明惡行的奴隸標識，或是小孩把玩的物品。

7 編註：阿尼莫利亞人（Anemolians），摩爾創造的虛構民族，古希臘文 anemolios 之變體，意即「多風的」。

此時出現了個很有趣的觀察，一方面是看著這群人拿自己的華麗衣裳，與烏托邦人的樸素穿著相比時的自大樣貌，因為有許多烏托邦居民此時都出來觀看這群人進城，另一方面是看到這群人打算以華麗登場的方式，給烏托邦人留下厲害印象，這想法實在是錯得離譜。對於從未離開過自己國家，也沒有見過他國文化習慣的烏托邦人來說，這場景看來就是荒唐。烏托邦人民向著衣著最為樸實的人致意，因為以為這些人就是大使，而一看到穿戴滿身金子與鏈條的人，即認為對方是奴隸，無法恭敬看待他們。那些已長大的孩童，已懂事到鄙棄以前的小玩意，也曉得要扔掉自己的珠寶，此時來到母親身旁，輕推母親喊道：『快看那個大笨蛋！居然戴著珍珠和寶石，就跟小孩子一樣！』而孩童的母親會十分嚴肅地回答道：『安靜點！我相信那個人只是大使身旁的弄臣！』其他人則是在斥責鎖鏈的造型，看到後表示：『那樣沒有用！太輕薄了，怎麼綁得住奴隸，一下就會被破壞！而且，掛一條那麼鬆的鏈子在身上，很容易就會被掙脫、拿下來丟掉！』不過，這幾位大使在烏托邦待上一天，見到這裡的人家裡有如此大量的黃金（其他國家都是非常看重金子，但烏托邦這裡卻是輕看金子），而且一名奴隸身上鎖鏈和鐐銬的金銀分量，就超過他們三人的飾品總重。隨後，他們不再驕傲，為自己先前炫耀自身價值的行為感到羞愧，接著就把飾品都擺在一旁。

烏托邦人不明白，為何會有人著迷於寶石這類光芒不定的石頭，畢竟只要抬頭仰望星星或太陽就能看到炫目的光彩，也不明白為何會有人因為身穿精美織線製成的布料而覺得很了不起，因為無論織線有多精美，也都還是綿羊的毛，而羊毛是綿羊先穿在身上的，但牠也沒有因為身披羊毛就改變身分。此外，他們也十分不解，黃金明明是沒什麼用處的東西，但卻聽說每個地方都非常看重黃金，為了黃金而活，因為黃金而有了價值，還認為人的價值低於這類金屬。如此昏昧的人，領悟力好不過一根木頭，既壞又蠢，但卻因擁有許多此類金屬，許多明智賢者便前來侍奉。倘若遇到意外或是法律上的詭計（有時法律和命運一樣，會來個大翻盤），致使財富全都從主人的手上轉移到家裡最卑劣的僕人手上，那麼主人就跟自己財富的下場一樣，立即降為僕人！面對崇拜富人的蠢蛋，烏托邦人更是唾棄，這種人儘管沒有虧欠富人任何東西，也不需要仰賴富人的慷慨贈與過活，也知道富人既貪婪又卑鄙，只要活著一天就不會把財富分給其他人，但卻還是會因為財富的關係，就給予對方不輸給神聖尊崇般的敬重。」

「烏托邦人在這方面的觀念，一部分是來源自於教育，因為烏托邦人從小就在文化慣習與法律皆與那些愚蠢格言背道而馳的環境中長大，另一部分則是來自於教育與學習，雖然每個城市裡頭很少有人可以完全不勞動、全心投入學習（只有從小就被發現對文字有卓越能力與傾向的人才可全心投入學習），不過烏托邦人裡的大多數人及其小孩，全都被教導要利用勞動以外的數小時時間來閱讀，這是一輩子的習慣。烏托邦人學習時，用的是自己的語言，這是個詞彙豐富、聽來悅耳的語言，可讓人充分表達心裡所想的，雖然流傳到了周遭許多國家，但不是每個國家都保有同樣的純度。

在我們來到此地之前，烏托邦人並未聽聞過世界上其他地方的知名哲學家，但在音樂、邏輯學、算術、幾何學方面，卻已取得與希臘人並駕齊驅的成就。雖然烏托邦人在各方面幾乎都與我們的古代哲學家並齊，但他們並沒有像我們當代的邏輯學家一樣發明各種概念。我們這裡的年輕人從《邏輯推理》[8]中學到關於限制、放大、假設等各種複雜的規則，但這些概念烏托邦人一項也沒有發明出來。他們完全無法推測出「第二意向」[9]，以致於當我們談論到「全人」這種抽象概念時，就算我們用手指直直指著這個（眾所周知）比任何巨人都還要龐大的存在，他們還是無法理解。

儘管烏托邦人對這些虛幻概念一無所知，但卻通曉天文學，十分熟悉天體運轉，還發明許多精心設計、分門別類的儀器，可用來精準計算出太陽、月亮、星星的位置與行經路線。不過，烏托邦人卻沒有想過，可藉由星星的對立位置或是連結關係來占卜。烏托邦人根據長期觀察的經驗，能夠透過觀察來預測天氣何時

8 編註：《邏輯推理》（*Parva Logicalia*），中世紀盛行的邏輯學教材。書名直譯為「小邏輯」，摩爾曾批評此書之所以有這樣的書名是因為書裡「幾乎沒有什麼邏輯」。

9 編註：第二意向（Second intentions），指一切客體的、心智運用下構成的事物。

可能會下雨、颳風，或是其他的大氣變化。然而，有關天氣變化的哲學性思想、海水是鹹的原因、潮起潮落的理由、天地的起源與本質，有些烏托邦人會跟我們的古代哲學家一樣爭論其中的道理，有些則是提出新的假設，由於看法不盡相同，所以烏托邦人之間對於每件事情的看法也未必能夠取得共識。」

「至於道德方面的哲理，烏托邦人跟我們這裡一樣，大家各持不同的論點。烏托邦人會檢視什麼東西對肉體與心靈有益，以及外在的物品是否有所謂真正的良善，還是這是個只能賦予靈魂使用的詞彙，同時也會探究美德與快樂的本質。不過，烏托邦人主要的爭論點乃關乎人的幸福感及其組成，到底是只有單一面向，還是擁有多重面向。的確，烏托邦人的觀點更傾向是，即便不是全部，但人主要的幸福感乃落在快樂之上。更奇特的是，儘管相當嚴肅正經，但他們甚至會運用來自宗教的論點，來支持縱情於快樂裡的觀點。在關於幸福感的爭論中，烏托邦人從來就不會不從宗教和大自然裡的原則來找尋論點，也認為要是沒了宗教，那麼我們對於幸福感的理性討論勢必是臆測之果，還充滿了瑕疵。」

「以下是烏托邦人的宗教準則：人的靈魂是不朽的，出自良善的上帝，靈魂應是幸福的，因此神為善行和美德指定了獎賞，也為惡行備好了懲罰，皆會在死後分配給個人。雖說這些宗教準則是經由傳統傳承，但烏托邦人認為即便是理性本身也會讓人去相信和接受這些準則。烏托邦人也坦率表示，要是沒了這些宗教準則，那麼沒有人會麻木到不去用盡一切手段追求合法與不合法的享樂，只是會留意不讓程度較小的享樂妨礙更大規模的享樂，也不追求會帶來許多痛楚的享樂。烏托邦人認為，追求困難辛苦的美德，乃是世界上最瘋狂的事情，不只是看不到日後有獎賞，還得願意放棄生活中的樂趣，承受許多痛苦和麻煩事。若一段生命，不只沒有享受到快樂，還陷在痛苦之中，且死後還不期待能獲得什麼，那又有什麼好處呢？

不過，烏托邦人並沒有把幸福放在一切享樂之中，而只把幸福放在那些本身就很善良誠實的快樂之上。他們之中，有些人把幸福放在純粹的美德上，另有些人則認為，我們的本性是靠著美德的指引邁向幸福的，因為這就是人類的主要美善。因此，烏托邦人把美德定義為按著大自然本性生活，認為我們是上帝為了這個目的所創造的，同時相信人會因而跟著理性的帶領，遵循大自然本性的指引來追求或迴避事物。烏托邦人指出，首先，理性會點燃我們內心對至高神的愛與崇敬，因為是神讓我們擁有這所有的一切，以及我們可盼望的一切。其次，理性也帶領我們的心智遠離苦難，盡可能保持心情愉悅，且我們應該認為自己要受到良善和仁慈的約束，以利盡最大的努力，幫助其他所有人增進幸福感。這是因為，從來就沒有個人，如此嚴厲慎重追求美德，又如此與快樂為敵，就算給人制定了嚴格的規矩，以及許多苦痛、警示、艱難的要求，但卻沒有同時勸告人要盡其所能減輕緩解他人的苦痛，也沒有把溫和與善良定為親切的性格。

從這道理而起，烏托邦人推斷認為，若為人應當促進他人的福祉與富足（對於我們的本性而言，那適當且獨特的美德，沒能比得上減輕他人苦痛、擺脫困擾焦慮，以及為他人提供自在的生活，而享樂就藏在其中），那麼大自然本性會更有力地引導人也為自己做到這一切。享樂的生活，要不就是實在的罪惡，這樣我們就不應該幫助他人追求享樂，卻是要盡可能遠離享樂，宛如逃離最為有害、致命的東西一樣；要不享樂就是件好事，我們不僅可以、更應該是要幫助他人享樂，那麼為何不從自身開始呢？因為，比起照顧自己，沒有人更有必要去關心他人的生活美滿，大自然本性不會引領我們去善待他人，但卻對自己無情又殘酷。

因此，烏托邦人把美德定義為按著大自然本性生活，認為大自然會促使所有人追尋享樂，同時也是一切作為的目的。烏托邦人還觀察到，為能支持生活享樂，大自然本性傾向把我們帶入社會，因為沒有人能夠高出其他人，成為大自然的唯一寵兒，反之，大自然似乎把同一物種皆放在同個層級。依據上述內容，烏托邦人推斷，沒有人應該如此急切地尋求自己生活自在，以至於損害到他人，因此認為應遵守私人之間定下的協議，且同樣要遵循法律，不論是一位好君主以適當的形式所頒布的法律，還是人民在沒有受到暴君壓迫或是被詭詐欺騙之下所接受的法律，全都要遵循，因為這協議和法律是為了讓大家生活自在，好讓我們都能享樂。」

「烏托邦人認為，上述即是真智慧的證據，人可在法律範圍之內追尋對自己有利之物，並認為把公眾利益看得比私利優先的話，那就是虔誠之舉。不過，藉由掠奪他人的快樂來源來換取自己的快樂，乃是不公正的行為。反之，為了他人利益而放棄自己的利益，即是有善良溫柔靈魂的跡象，而好人就算失去了一些，還是得到一樣多的快樂。這是因為可以期待在自己需要幫助時，能夠得到他人提供協助，即便是失望了，善舉的感知，以及回想因自己而感到愛與感恩的人，可給予心靈超乎克己所能獲得的快樂。同時，烏托邦人也被勸服相信，神會以永恆的喜樂來彌補流失的小小快樂，而宗教很容易就能說服善良的靈魂。」

「因此，整件事情說來，烏托邦人覺得我們的所有各種行為，甚至是我們的各種美德，終點皆是快樂，也是我們的主要目標與最大的幸福。無論是肉體還是內心，烏托邦人把大自然教導我們要愉快的作為或狀態，稱為享樂。所以，烏托邦人十分謹慎，只把享樂局限在大自然帶領我們去取得的渴望之內，因為他們表示，大自然只會引向我們親近那些理性與感官帶給我們的快樂，還不會傷害到其他人，或是流失想要擁有更多快樂的渴求，也不會帶來麻煩。至於那些普見的快樂，也就是人的愚蠢認知所誤認的享樂，即那些好像人們可以使用文字就輕易改變事物本質的樂趣，與其追求這種快樂，烏托邦人視此種快樂是會大大阻礙真幸福的事物，因為一旦被這種快樂給迷住了，即會完全占據人的心思，這是對享樂的錯誤觀念，以至於沒有留心思給更為純樸、真實的享樂。」

「對烏托邦人來說，有許多東西皆不具備真正的快樂，當中還參有更多的悲苦。可是，由於我們對於禁忌物品有著扭曲的渴望，所以不只把這些東西列入享樂的行列裡頭，甚至還視為重大的生命追求目標。對於追求上述烏托邦人視為複雜性的享樂，這類人自認為擁有精美服飾而感到優越，但烏托邦人認為此類人犯了雙重錯誤，包含對自身服飾的看法，以及看待自身價值的想法。試想一下服飾的用途，為何精美織線會好過粗糙的呢？可是，這類人自認為崇高，自認為自己實在是好過其他人，還完全不覺得是自己的錯覺，覺得自己的價值比較高，還認為尊敬是出自一身華服，要是穿著較為簡陋，那麼就不能再假裝受到尊重了，而且要是未能因而獲得敬重，那麼還會生氣覺得被冒犯了。同時，外在展現的尊貴也是極大的愚蠢，因為不代表任何意義，見到他人站得筆直還是彎下身軀，是能獲取怎樣的真實或真正的快樂呢？他人屈膝能給你帶來自在輕鬆嗎？他人鞠躬能帶走你的煩惱嗎？然而，令人感到驚奇的是，這種錯誤的享樂觀念竟然蠱惑了那麼多人，這些人以幻想自己是貴族為樂，還很滿意這股自負感，這種人是世代富有的後代，擁有大量的財富，這就是當今貴族的全部了。再者，就算親生父母沒有留下財富，又或是自己把財富給揮霍掉了，這種人一點也不覺得自己沒有那麼尊貴。

另外，還有一種人烏托邦人也很看不慣，也就是對於那些十分著迷於寶石與奇石的人，以及認為若可以買到非常不凡的款式，尤其是那種特別受到歡迎的石頭，那幾乎就是屬神般的幸福了，而且同種類的寶石價值還不是一直都相同，且若不是剛從黃金戒指上卸取下來的，還不願意掏錢購買。為此，珠寶商就被要求要提出擔保，得鄭重發誓寶石是真的。這般程度的謹慎態度，就是不想買到不是真貨的假貨。但是，若你自己去查驗寶石，眼睛卻無法分辨贗品與真品的差異，那你就跟瞎子一樣，真貨假貨的價值對你來說也都是一樣的。

再者，還有一種人累積了一大堆無用的財富，無法帶來任何用處的財富，只是欣賞來討得開心，從中能享受到真正的樂趣嗎？這種人找到的喜樂，只不過是快樂的虛假倒影。與這種人相對的，還有一類人犯下的錯誤也好不到哪裡去，他們因為害怕失去而把黃金藏起來。有什麼名稱適合用來稱呼藏到地底下的行為呢？把黃金再次還給大地？這麼一來，對黃金主人與其餘的人來說，黃金不再有任何用處。然而，黃金主人很是小心地把黃金藏起來，感到無比開心，因為覺得現在總是安全無虞。要是被偷了，然後黃金主人又活了十年，但期間卻渾然沒有發現黃金不見了。如此一來，擁有或失去黃金，兩者之間並無區別，而在兩種情況下，黃金對主人來說，皆是無用的。」

「愚昧追求享樂的人裡頭，也認為狩獵、打鳥、賭博很有趣，但烏托邦人也只是聽說過這種瘋狂的行為，因為他們沒有做過這些事情。烏托邦人曾問過我們：『擲擲骰子，人是可以獲得什麼樣的樂趣？』（烏托邦人認為，就算其中有任何樂趣，這麼常玩應該會讓人感到厭倦。）『還有，聽著狗兒又吠又嚎，與其說是悅耳，似乎更像是惹人討厭的聲音，這又有什麼樂趣呢？』烏托邦人也無法理解，看著狗兒追著野兔跑的樂趣，應該就像是看著一隻狗在追逐另一隻狗，如果樂趣是因為看到動物奔跑的話，那麼這兩種情況對眼睛會產生同樣的娛樂效果，因為這兩種情況都是一樣的。但如果樂趣是在於看到野兔被狗殺死、肢解的話，那應該是會引起憐憫之心才是，因為這可是一隻弱小無害又膽怯的野兔被兇猛殘忍又強壯的狗給吞食！所以，在烏托邦人裡，這些狩獵的事務全都交給了屠夫。正如先前談過的，屠夫皆是奴隸，且屠夫把狩獵看作是屠夫工作裡甚為卑劣的部分，原因是至少宰殺的動物是人類有需要與有用處的，所以還可視為有用途的體面行為。至於獵人會被吸引去捕殺、分解那麼弱小可憐的動物，那也只是快樂的錯覺，從中只能獲取少少的好處。烏托邦人把這種對鮮血的渴望，即便是野獸的鮮血，皆看待為心靈已被殘酷腐化的象徵。又或者是說，不管怎樣，由於過於頻繁追求這種殘忍的快樂，所以終會落入其中。」

「因此，即便那些烏合之眾把這些東西以及其他難以計量但性質相同的東西當作快樂，烏托邦人卻不這樣想，認為那些東西都無法被認定為快樂。就算那些東西可能可以給感官帶來些刺激（看來好似是快樂的真實概念），但烏托邦人認為那快樂並不是源自於東西的本體，而是來自一種墮落的文化。這文化可能會損害男人的口味，苦澀的東西也可能變甜的，就像是孕婦會以為樹脂或動物油脂的味道比蜂蜜更甜一樣。然而，人的口味若被疾病或是某些壞習慣給腐化了，也不會改變東西的本質，所以也不能轉變快樂的本質。」

「烏托邦人整理出數種快樂，稱之為真正的快樂，有些是屬於肉體的，有些是屬於心靈的。心靈的快樂落在知識，以及思索真理所帶來的喜悅，此外，烏托邦人還加入了對美好生活的喜樂反思，以及對未來幸福的確實盼望。烏托邦人把肉體的快樂分為兩類，一類會給我們感官帶來些真正的快樂，這種快樂的形成，要不就是肉體的復元，藉由飲食餵養生命體內的能量，要不就是肉體感到被壓迫時得以解放，好讓我們從突來的痛楚中解脫，要不就是因為賢明的天性給予的物種繁衍之欲望獲得滿足的時候。還有一種快樂，既不是來自我們身體接收到所需，也不是來自負擔過重被緩解的情況，而是透過隱密看不見的美德，打動到感官、激發熱情，以慷慨仁慈的感觸觸動到心靈，也就是從音樂而生的快樂。

肉體的另一類快樂，源自於肉體的穩健與活力，此時生命與活躍的精神似乎在驅動著肉體的每個部位。此種精力充沛的健康，也就是完全擺脫了各種痛楚所帶來的內在快樂，不同於外在物品所帶來的快樂。雖然這種快樂對我們起不了強大的作用，也不像其他快樂來源能給感官帶來強烈感受，但卻被視為所有快樂之中最大的快樂。幾乎所有的烏托邦人都認為這是生活中所有其他快樂的基礎與根柢，因為光是這一項快樂就可以讓生活狀態變得輕鬆且令人嚮往，而缺少了這分快樂，那麼人就真的無法享受其他的快樂了。

有些人認為，完美無缺的健康並非是快樂的狀態，因為若沒有相反的痛苦來做對照，那也感受不到健康的存在。針對這個議題，烏托邦人也歷經非常仔細的探討，一直在討論牢固、完整的健康是否可稱為一種快樂。有些人認為，只有當肉體的某些感知運動被『刺激』到的時候，才會有快樂。不過，這個觀點很早之前就被烏托邦人自己給推翻掉了，現在他們幾乎每一個人都同意健康就是最大的肉體快樂。

由於生病痛楚的本質就是與快樂對立，就像是生病之於健康，所以烏托邦人認為健康會伴隨著快樂。要是有人表示，生病並非是痛楚，而是生病會帶來痛楚，那麼烏托邦人會視之為鬼魅伎倆，因為他們不認為這說法能帶來什麼大的改變。在烏托邦人的眼裡看來，無論說健康本身是一種快樂，還是說健康能帶來一種快樂，這都跟火會產生熱一樣，全都是同一件事情，因此便認同完整健康的人因為享受其中而擁有真正的快樂。烏托邦人是這樣推論的：『吃飯的快樂是什麼？難道不是曾經變差的健康，在食物的幫助之下，驅逐飢餓感後，強化健康、恢復以往的活力？在此戰鬥之中，我們重獲新生、得到了快樂；若這場戰鬥是種快樂，那麼勝利必定可帶來更大的快樂；一旦身體獲取所追求的，開心地回到原本強健的狀態，難道就會變得惹人厭，不知道自己是幸福的，也不因為自身的幸福而感到欣喜嗎？』若有人說感覺不到健康，那絕對是在否認，因為有哪個健康的人醒著時不會感受到健康？有人會愚昧遲鈍到不願意承認自己能感覺到身處在健康之中的開心嗎？再者，開心不就是快樂的另一個名稱嗎？」

「然而，所有的快樂中，烏托邦人最為推崇的就是落在心智上的快樂，其中最主要的快樂正是真實的美德與良心的見證。烏托邦人認為，健康是屬於肉體的主要一種快樂，因為他們認為，飲食的快樂以及所有其他感官上的快樂，乃是因為飲食能夠讓我們恢復與保持健康，但飲食本身並無法成為一種快樂，而是幫助我們對抗肉體天生的弱點。正如有智慧的人寧願避免生病而非直接用藥，寧願不陷入病痛而非交由治療來緩解，所以人會更渴望可以不需要病癒的快樂，而非被迫沉迷其中。若有人認為病癒的享受裡頭，有真正的快樂，那麼此人就勢必得承認，若自己的生活成了老是會餓、會渴、會癢，所以總是在吃、在喝、在抓癢，那麼自己就是最幸福的人了。不過，任何人都可以輕易看出，這不只是傻還是十分痛苦的生活狀態。其實，那都只是最底層的快樂，也不是最純潔的快樂，因為那得在只有與另一端的痛苦混合在一起的時候，我們才能享受到這些快樂。飢餓的痛苦必能給我們吃東西的樂趣，但飢餓的痛苦卻超越了快樂。痛苦更為劇烈時，持續的時間就會更長，因為痛苦早在快樂之前就開始了，且還不會停歇，而是會跟著快樂一起熄滅，然後一起結束。因此，烏托邦人認為，這種快樂的價值高不過其必要性，不過卻很高興有這些快樂，也懷著應有的感激之情，答謝大自然偉大造物主的慈愛，因為造物主在我們身上植入胃口。因為有了胃口，所以生存所需的東西也同樣能讓我們很愉快。假使飢餓、口渴這些日常會有的不適，得靠著苦澀的藥來消除，因為面對疾病我們就是得要服藥，這樣才比較不會復發，那麼生活會有多難受呀！因此，這是大自然給予的禮物，既合適又讓人感到愉快，好讓我們維持住肉體的氣力與精力。」

「烏托邦人讓自己開心時，也會讓其他樂趣進入眼睛、耳朵、鼻腔，調節生活、也享受快樂。這方面似乎是大自然特別給予人類的，因為沒有其他動物會欣賞宇宙的外型與美麗，也不覺得氣味很有趣，頂多就是用來分辨肉類而已，且也聽不出聲音的協調與不協調。然而，在所有的快樂之中，烏托邦人有留心注意到，不讓較小的快樂阻礙更大的快樂，且快樂絕不應該引發痛苦，並認為痛苦總是會伴隨著不正直的快樂。不過，烏托邦人認為，人若鄙視美麗的形體，或是耗盡自己天生的力量，也就是讓懈怠懶惰腐蝕肉體的精力，或是因為禁食而白白浪費肉體，皆是瘋狂；除非捨棄自己的滿足可以服務公眾或是提升他人的幸福，另可期待從神那裡取得更大的回報，不然削弱自己體格的力量，拒絕其他生活的樂趣，就是種瘋狂。所以，烏托邦人把這種生活方式，看待為對心靈的殘酷，不感激大自然的造物主，好似我們不懂得感謝神的恩典一樣，因此拒絕所有神的祝福，就像是一個人為了美德的虛無倒影而折磨自己，或像是除了讓自己去承受那些可能永遠都不會發生的苦難與不幸之外，也沒有更好的目標那般。」

「這就是是烏托邦人對美德和快樂的看法：他們認為，除非是來自天上的某些發現啟發人有更好的看法，不然人的理性無法讓自己有更真實的想法。我現在沒有空去探究烏托邦人對這件事的想法是對的還是錯的，我也沒有必要去判斷，因為我只是要跟你們介紹烏托邦的觀念想法，而不是要為烏托邦人的各種準則做辯護。不管對烏托邦人的觀念有什麼可說的，我可以確定的是，世界上沒有比他們更好的人民，也沒有比他們更幸福的共和國。

烏托邦人的身體充滿了氣力與精力，可是他們的體型只算是中等，也沒有世界上最肥沃的土壤和最純淨的空氣。不過，藉由溫和有節制的生活方式，烏托邦人能夠好好增強自我，以利對抗不健康與疾病，另也透過耕作培育土壤，所以在其他地方都看不到穀物和牲畜有更大的增長，也找不到比烏托邦人更健康、更不會生病的人。這是因為，烏托邦人精簡作業方式，不止是農夫用於施肥和改善土壤的技藝，就連樹林也整片連根拔起，改種在之前沒有樹木的地方。烏托邦人這麼做的主要動機是為了方便運輸，如此木材的取得可以很接近城鎮，又或是在海邊或河邊種樹，以利透過水流漂浮來運送木材，因為比起運送穀物，在陸地上搬運木材困難上許多。

這裡的人民相當勤奮，樂於學習，性格開朗，和藹可親，必要時也願意承受更多的勞動，但除此之外卻是相當喜愛輕輕鬆鬆的生活。烏托邦人對於追求知識可說是樂此不疲，我們和他們分享了一些有關希臘人的學識與紀律，也只教導了希臘人的東西（因為我們都知道，羅馬人之中，除了歷史學家和詩人之外，烏托邦人都不會覺得重要）。見到烏托邦人如此熱衷於學習希臘文，我們感到很驚奇。於是，我們開始向烏托邦人朗讀一些希臘文，主要是要迎合他們提出的要求，倒也不是希望他們能從中獲取什麼了不得的收穫。經過一小段時間的試驗，我們發現烏托邦人進步不少，更看到我們的付出比預期的還要成功。烏托邦人學會正確書寫和開口講希臘文，理解力非常快，還能牢牢記住學習內容，所以後來也能在應用時自行校正。若我們教導的對象，大多數人的能力不是特別卓越，也不是落在學習階段的年齡，那就可看成是奇蹟了。其實來學習的人之中，多數都是參議會挑選來學習的，不過這當中也有些人是自願前來學習的。三年的時間，烏托邦人就成了希臘文專家，因此能夠精確閱讀希臘作家最棒的作品，其實我傾向認為是因為希臘文和烏托邦語有些許關聯，所以烏托邦人才能夠如此輕易上手。我認為，烏托邦曾是希臘人的殖民地，因為即便烏托邦語跟波斯語很近似，但卻保留了許多希臘文衍生字，其中城市與官員的名稱皆有。

我的第四趟航行，碰巧不是帶上貨品，而是許多的書。由於當時我離很快就會回來的想法很遙遠，倒是想著永遠都別回來了，所以我把所有的書都帶在身上，其中有許多本是柏拉圖的著作，以及幾本亞里斯多德的著作。我還有本泰奧弗拉斯托斯（Theophrastus）[10]談論植物的書籍，但遺憾的是，這本書已經不完整了，因為我們還在海上航行時，我隨意亂放，然後有隻猴子奪走這本書，多處書頁都被撕爛了。此外，烏托邦人沒有文法方面的書籍，只有拉斯卡里斯（Constantine Lascaris），因為我沒有帶到泰奧多勒斯（Theodorus Gaza）的著作，而字典我只帶了赫西基奧斯（Hesichius）

10 編註：泰奧弗拉斯托斯，公元前四世紀的古希臘哲學家、科學家，曾受教於柏拉圖和亞里斯多德，著有《植物志》（*Enquiry into Plants*）、《植物之生成》（*On the Causes of Plants*）、《人物誌》（*Characters*）等作品。

和迪奧斯克理德斯（Dioscorides）[11]。他們十分欣賞普魯塔克，也被琉善（Lucian）[12]的機智聰慧和愉快的寫作方式所吸引，詩人方面則是喜歡亞里斯多芬（Aristophanes）、荷馬、尤里比底斯（Euripides）和阿爾杜思（Aldus Manutius）版的索福克里斯（Sophocles）[13]，歷史學家則偏好修昔底德（Thucydides）、希羅多德（Herodotus）和希羅狄安（Herodian）[14]。

我同行的有位夥伴崔奇烏斯．阿平納杜思[15]身邊恰好有幾本希波克拉底（Hippocrates）的著作，以及加倫（Galen）的《小技藝》（*Microtegni*）[16]，此書受到烏托邦人的愛戴。這是因為雖然世界上沒有一個國家像烏托邦一樣這麼不需要醫學，但也沒有一個國家像他們一樣如此看重醫學。烏托邦人認為，哲學裡頭，醫學是頭幾個讓人感到快樂且有助益的知識，因此藉由探究大自然的奧祕之際，不只會發現很認同醫學，也會想著大自然的造物主會相當接受這樣的探究。試想一下，祂宛如就是人類好奇引擎的創造者，是祂把這宇宙的偉大機器展示給唯一能夠思考的物種，因此一位有著好奇心的細心觀察家很是欽佩祂的工藝，對

比上那好似野獸無法理性思考的人，以冷漠、事不關己的眼光看待這榮耀的場

11 編註：拉斯卡里斯，十五世紀希臘學者、文法學家；泰奧多勒斯，十五世紀希臘學者、人文主義者、翻譯家，兩者皆於文藝復興時期推動希臘學術復興。赫西基奧斯，公元五、六世紀之希臘文法學家，其著作《按字母順序排列的詞彙全集》（*Alphabetical Collection of All Words*）收錄了眾多不常見之希臘文詞彙。迪奧斯克理德斯，古羅馬時期之希臘醫生、藥理學家，著有《藥材志》（*De materia medica*），在其後的一千五百多年皆為藥理學的主要教材。

12 編註：琉善，羅馬帝國時代敘利亞諷刺作家，有奇幻短篇《信史》（*A True Story*）及一系列對話集傳世。

13 編註：亞里斯多芬，古希臘喜劇作家、舊喜劇重要代表，有「喜劇之父」之稱。荷馬，相傳為雙目失明的古希臘吟遊詩人，據說《荷馬史詩》為其創作。尤里比底斯，古希臘劇作家、希臘三大悲劇大師之一，著有《美狄亞》（*Medea*）、《伊菲革涅亞在奧利斯》（*Iphigenia in Aulis*）等劇作。阿爾杜思，十五、十六世紀威尼斯人文主義學者、印刷商、阿爾丁出版社（Aldine Press）創立者，發明了義大利體和分號。索福克里斯，古希臘劇作家、希臘三大悲劇大師之一，著有《安蒂岡妮》（*Antigone*）、《伊底帕斯王》（*Oedipus Rex*）等劇作。

14 編註：修昔底德，古希臘歷史學家、思想家，有《伯羅奔尼撒戰爭史》（*History of the Peloponnesian War*）傳世。希羅多德，古希臘作家，於其著作《歷史》（*Histories*）中詳盡記錄波希戰爭之始末，被稱為「歷史之父」。希羅狄安，出生於敘利亞，曾任羅馬帝國行政職務，著有一套八冊之《羅馬史》（*Roman History*）。

15 編註：崔奇烏思·阿平納度斯（Tricius Apinatus），與拉斐爾·希適婁岱一樣為摩爾所創造之名字，典出古羅馬文學家馬提亞爾（Martial）之《雋語集》（*Epigrams*），馬提亞爾稱自己的詩歌為「瑣事和沒有價值的小東西」（apinae tricaeque）。

16 編註：希波克拉底，古希臘哲學家、醫學家，對古希臘醫學發展貢獻良多，被稱為「醫學之父」。加倫，古羅馬時期希臘哲學家、醫學家，著作等身，深深影響解剖學、生理學、病理學、藥理學及神經內科等領域；《小技藝》為其著作《醫學的藝術》（*Ars medica*）之別稱。

景，當然是觀察家遠易於被神所接受。」

「烏托邦人的心智被學習的熱愛包圍時，即會在挖掘能夠促成完美所需的技藝上，展現出聰明的一面。有兩件事情是我們傳授給他們的，也就是造紙和印刷技藝，不過這並不是完全歸功於我們，因為當中有一大部分是他們自己的發明。我們向烏托邦人解釋，並給了他們阿爾杜思印刷的幾本書，也說明了造紙的方法與印刷的謎團，不過由於我們當中沒有人操弄過這些技藝，所以描述起來顯得粗略表淺。烏托邦人取得我們提供的簡略說明後，馬上就想出製作方法。縱使一開始沒有做到很完美，但製作了幾份小品之後，他們最終發覺錯誤並做了校正，也克服了困難。在此之前，烏托邦人只在羊皮紙、莎草紙、樹皮上寫字，但現在已懂得造紙，還有了印刷機，因此若有大量的希臘作家作品，就能夠快速擁有許多複本。現在，雖然他們擁有的書籍就只有我提到的那些，但經過數次印刷，已翻倍印製上千本複本。

來到烏托邦的人，若是身懷絕技，或是旅遊經驗豐富、清楚許多國家的文化習俗（我們一行人正是這個原因而受到款待），那麼就會受到熱烈歡迎，因為當地人非常渴望能夠認識整個世界。但鮮少有人是因為做生意的緣故而來到烏托邦，因為除了鐵之外，還能帶來些什麼東西呢？金銀嗎？比起進口，哪有商人會想把這些貴金屬出口到一個陌生的國家呢？至於烏托邦的出口部分，他們覺得與其交給外國人，不如自己管理比較好，藉此也能更加了解鄰近國家的狀態，也可因為航行的操練維繫住航海技術。」

烏托邦的奴隸與婚姻

「除非是烏托邦人親自在戰鬥中打敗的，否則他們人不會把戰俘納為奴隸，也不會把奴隸的小孩或是他國奴隸收為奴隸。在烏托邦人之中，只有因被判了某些罪行，才會被貶為奴隸，又或是，也是比較常見的，像是商人在從事買賣的地方，找到被判處死刑的人，有時會以低價買回，但在某些地方則是可以免費取得。奴隸得長期勞動，且一直都得戴著鏈條，但有個不一樣的地方，那就是比起其他奴隸，他們對待本地奴隸更為嚴苛，因為烏托邦人認為本地奴隸比其他奴隸還要不道德，且既然無法受到優良教育的約束，那就判定得受更嚴厲的對待才行。另一類奴隸是鄰國的窮人，主動提出要來為烏托邦人服務，因此會受到較好的待遇，在各方面皆受到跟當地人民一樣的對待，只不過被加諸更多的勞動，但習慣了也不會覺得是很艱苦的差事；雖然很少發生，但要是有天決定要回國了，烏托邦人也不會強迫這類奴隸留下來，更不會讓他們兩手空著離開。」

「我已經跟你們講過，烏托邦人是如何照顧生病的人，他們會盡一切努力去照料病人的健康與舒適度，至於那些患有不治之症的病人，也會盡全力呵護，好讓生活能盡量舒服一點。他們會經常探訪病人，費盡心思就為了讓病人的時間可以輕鬆度過。可是，如果這折磨和持續的痛苦已無法讓人再舒服過生活了，也看不到復元或解脫的希望時，祭司和多位官員會前來規勸病人。既然已經無法繼續生活，還成了自己與周圍人的負擔，且活著的日子其實也已超過原有的時日，所以不應該再餵養那老病，而是寧願選擇死亡，因為無法活著但卻要承受這麼多痛苦；也向病人保證，若讓自己從折磨中解脫，或者願意讓別人來執行，死後會很幸福。這麼做了，病人不會失去任何快樂，只有生活上的煩惱會逝去，所以病人會認為自己的行為不僅合理，還是對宗教虔誠的作為，因為這是聽從了祭司提出的建議，而祭司可是闡釋上帝旨意的人。被規勸的病人，要不就是自願禁食，要不就是吸食鴉片，如此便能不痛苦地死去。若是沒有被說服，沒有人會被迫以此種方式結束自己的生命，往後也不會沒有人前來照料這位病人。不過，由於烏托邦人相信，當受到權柄選擇而自願死亡，乃是件非常光榮的事。因此，若沒有在祭司和參議會的批准之下，人擅自結束自己的生命，那麼就不會有體面葬禮的榮譽，只會把屍體丟進溝裡去。

「烏托邦的女性十八歲以前不會結婚，男性則是二十二歲之前不結婚，且要是有人在婚前觸犯了不潔的行為，那麼就得受到嚴厲的處罰，且除非是徵得君侯的特赦，否則就會被終身剝奪結婚的權利。此外，發生此種雜亂無序的行為時，家中的主人和女主人得承受很多責備，因為人們會認為他們沒有盡到職責。至於嚴厲的處罰，則是因為他們認為若沒有嚴格節制任性隨意的欲望，那麼很少人會冒險讓一生受婚姻限制，只跟一個人相處，且還得忍受隨之帶來的不便。

在我們看來，烏托邦人選擇妻子所採用的方式非常荒謬可笑，但烏托邦人嚴格遵守這種選妻的方式，且當地人還認為是十分智慧的作法。結婚之前，無論是處女還是寡婦的女子，德高望重的已婚婦女會把她全身裸體帶到追求者面前，然後德高望重的男人會把裸體的追求者帶到女子面前。確實，我們都覺得這作法很可笑，並指責會傷害風化。然而，烏托邦人抱持著相反的看法——其他國家的蠢男人打算買下一匹價值不高的馬兒時，總會留心查看馬兒身上的每個部位，還會拆下馬鞍與其他裝備，確保底下沒有遮蓋住的潰瘍；但是在挑選妻子時，其他國家的蠢男人卻憑著信任去冒險，這可是會取決餘生幸福與否的妻子，但只看到一小部分的臉龐，身體其餘部位卻都是遮住的，那底下可是可能會藏有傳染病和會讓人憎惡的東西。不是所有男人都聰明到能依據女性的性格優點來進行挑選，即便是聰明的男人也會認為肉體能給心智增添的不止是一點點，而且可以肯定的是，衣物可能會遮住身體發育異常的狀況，進而可能會讓男人徹底疏遠自己的妻子，但此時想要分開卻已經太晚了。要是在婚後出現這樣的事情，除了忍耐，男人也別無他法，因此烏托邦人認為防範這種欺騙行為是很合理的。」

「就這件事情，烏托邦人有更多得制定規定的理由，因為他們是那附近唯一不允許一夫多妻和離婚的民族，除了死亡之外，鮮少有解除婚約的情況。特例是通姦或是無法忍受的犯法作為，因為這種情況參議會會解除婚約，並准許受害的一方再婚，但犯罪的一方自此要背負罪名，且不可享有二度結婚的待遇。沒人會因為肢體發生重大災禍，而違背妻子的意願、拋棄妻子，因為烏托邦人認為，已婚夫妻在最需要配偶溫柔照顧的時候遺棄對方，乃是件至為殘酷的背信行為，這主要是發生在老年的時候，因為年紀大了就會有許多疾病纏身，而老化本來就是種疾病。

有時會發生已婚夫妻雙方個性不合，導致婚姻破裂的問題。若雙方皆同意，且兩人分別找尋到其他能更幸福生活的對象，經過參議會的許可便能離婚。參議員與他們的妻子，只有在完成嚴格的審查，深究離婚的原因之後，才會准許離婚，但即便他們已經接受了離婚的原因，還是會放慢審查的速度，這是認為太輕易批准新的婚姻會動搖已婚夫妻溫和寬容的關係。

又，烏托邦人會嚴厲處罰褻瀆婚床的人，若兩人是有婚姻的，那就是各自離婚，而分別被他們傷害的兩人可結婚，或是各自與喜愛的對象結婚，不過通姦的兩人會被貶為奴隸，但若受害的另一半無法放下愛意，那麼還是可以維持婚姻關係的生活，但得跟著被貶為奴隸的一方從事勞動。有時，被貶為奴隸的人會悔過，外加上無辜受害方未受動搖的善良仁慈，因而感動了君侯，取消判刑，但若被赦免後又再度犯罪，那麼便會被處以死刑。

「針對其他罪行，烏托邦法律沒有制定懲罰方式，而是交由參議會依據實際情況來裁定。除非犯下的錯大到有必要公開處罰，以利震懾其餘的人，否則丈夫是有權糾正妻子的，而父母也可以斥責自己的小孩。多數情況下，奴役甚至可算是至大罪行的懲罰了。對罪犯來說，奴役的恐怖程度不會輸給死刑。烏托邦人認為，比起處以死刑，把罪犯置於奴役狀態，也能給共和國帶來比較多的利益，因為比起讓罪犯死去，罪犯的勞動力給大眾帶來的好處會比較多，而且比起死刑，親眼看到奴隸所受到的苦難，起到震懾其他人的效果也比較長久。假使奴隸想要造反，不願被控管、也不願服從和執行被強制的勞動工作，那麼就會被當成是不受控的野獸，既關不住也鎖不了，最終就會被處死。不過，那些能夠有耐性接受處罰，也能夠承受加諸在身上之沉重壓力的罪犯，看來是真心為自己的罪行感到懊惱，這懊惱程度大過得承擔的苦難。如此，這些罪犯並不是完全沒有希望，最後只要君侯願意，即可運用自己的特權，又或是人民藉由投票干預，罪犯即可重拾自由，最差也能大幅減輕奴役勞動。」

「勾引已婚婦女通姦的罪行，一點也不亞於實際犯下通姦罪者，因為烏托邦人認為蓄意籌劃犯罪與實際犯罪乃是相同的，所以未能實現的犯罪並不會讓計謀失敗的人顯得罪責較輕。」

「烏托邦人非常喜愛傻子，認為若沒有善加對待的話，可說是卑劣的不正當行為，也不認為被痴傻行徑逗樂是不恰當的。在烏托邦人看來，痴傻行徑乃是傻子有的極大好處。如果人是如此沉悶嚴肅，見到好笑的行為與愚蠢的話語都無法被逗樂，而這又是傻子託付自己給他人所能做的全部，那麼就不能指望傻子能夠被好好照料或溫柔對待。要是有個人嘲弄另一人身體有殘缺或畸形，這番話完全不會被當成是在映射出被嘲笑者的殘缺狀況，而是會被視為批評者引人反感的作為，因為這情況是在訓斥人無法改變的地方。此外，烏托邦人認為，沒有好好保養天生美貌，表示此人的心智懶惰又邋遢，但也不認為使用化妝品是件好事。在他們眼裡，沒有人可以美過正直生活與服從丈夫的妻子，因為雖然有少數男人會被美貌吸引，但真正能留住男人的還是美德與順服」

「正如責罰是用來嚇阻人犯罪一樣，烏托邦人會以公開表揚的方式，鼓勵大家熱愛美德，所以在市集豎立雕像紀念值得全國表揚的人物，既是要永遠都記得他們的作為，也是要鼓勵後人效仿。」

「若有人公開競選公職的話，那麼此人會被取消所有資格。烏托邦人和睦相處，官員對人民的態度不會傲慢、也不殘酷，所作所為都求寧願被稱為父親，也因為實際這麼做了，所以完全配得這個稱謂。由於沒有人會向人民施壓，因此人民自然而然地表達對官員的尊敬。君侯本人身上沒有特別的不同，服飾沒有不同，也沒有戴王冠，唯一的差異就是手拿一束穀物，至於主教則是手拿蠟燭，所以大家才能識別。」

「烏托邦的法律很少，因為良好的教育讓他們不需要很多法律。他們大大指責其他國家，也就是國家內的法律與相關解釋卷書很龐雜，因為烏托邦人認為，強迫人民遵守的法律竟如此艱澀難懂、內容龐大，實在是很沒有道理。」

「烏托邦人之中並沒有律師，因為他們認為律師是個會掩蓋事實、搶奪法律的職業，因此較好的方式就是人人都為自己辯護，並信任、交付給法官，就如同在其他地方委託人會信任、託付給律師一樣。藉由這種方式，雙方可避免許多延遲的情況，更加確實地找出真相，因為當事人公開案件內容之後，法官可以在沒有律師傾向會提出的巧計之下，審查事件的始末，並擁護善意之人的單純，否則善意之人肯定會被狡猾之人給中傷。因此，烏托邦人避開了明顯存在於法律龐雜國家內的惡人。烏托邦這裡，人人都熟知法律，因為學習法律所需的時間不長，且法律用字非常直白，總是能清楚闡述法律條款的意思。

在此，烏托邦人的論點就是，之所以頒布法律，目的就是要讓每個人都清楚知道自己的責任。所以，最簡單、最鮮明的文字就應該被使用在在法律條款裡頭，原因是經過仔細修飾過的闡述方式不易於理解，且對大多數人類來說，特別是需要法律指引的人，這種精修過的文字只會讓法律變得毫無用處。要不就乾脆不要制定法律，或是不要滿篇都是精修過的文字，否則就無法快速理解，也不得不花大量時間學習，不然就是無法找出法律法條的真實含義。普遍來說，人類既是駑鈍，時間又被各自的工作所占據，因此就算用一輩子來探究法律，還是無法完全理解法律。」

「有些鄰近烏托邦的國家，皆擁有自己的自由（很久之前，這些國家在烏托邦的幫助之下，掙脫了暴政的枷鎖，所以學習了在烏托邦人之中觀察到的美德），他們會請烏托邦派出官員前來治理他們的國家。有些任期為一年，有些是五年換一次。每回任期期滿之後，各國會帶著偉大的敬意與崇敬，把人送回烏托邦，並再帶走另一位官員去協助治理國家。就這一點來說，這些國家為了自己共和國的幸福與安全，好像是找到了權宜之計，因為一個國家的好與壞十分仰賴官員。沒有利害關係的人不會偏頗，提出的決策也會比各國自己決定的好，而且財富對烏托邦官員來說是沒有用處的，因為他們很快就會回國，此外做為外國人也不會陷入各國的狂熱或仇恨。可以肯定的是，每當公共司法機構動搖改變了，不論是受到貪婪還是偏袒的影響，正義崩潰解體肯定會隨之而來，但正義可是社會的主要支柱。」

「對於前來請求官員的國家，烏托邦人稱他們為盟友；對於透過貿易從烏托邦受益的國家，則只稱為友邦。當其他國家老是在建立或毀壞盟約之際，烏托邦從不與任何國家結盟。烏托邦人認為結盟是沒有用處的，且相信若人類與自然的共有關係無法凝聚人類，那麼承諾的信心也起不了太大的作用。看見周圍鄰近國家從不嚴格遵守盟約與協議，烏托邦人更加確信這一點。我們都知道，在歐洲，特別是在接受基督教條的地區，可見到人們有多信守這些協議，那盟約內容對他們而言可是神聖不可侵犯的！這當中的原因，有部分是因為各國君王自身是良善公義的，有部分是因為尊敬教皇。由於教皇本身就是諾言最虔誠的遵循者，所以也力勸其他君王要履行自己的諾言。當較為溫和的方法沒有奏效時，教皇便會藉由嚴峻的牧靈責難方式來迫使君王就範，同時也認為要是人特意使用「敬虔的」做為頭銜區別，但卻沒有虔誠地遵守信約，那就是屬於最為冒犯的作為了。

在那個新發現的世界裡，人們處理事情的方式與慣習，與我們差距甚遠。即便是採用最為神聖儀式所結下的盟約，依舊還是不可信，反而認為盟約就是為了早早能被打破，所以裡頭的用字可見到一些偽裝的、刻意用模棱兩可的文字撰寫，如此就不可能切實遵守，總能找到漏洞去鑽，因此便會打破盟約與信約。這事情的無恥程度，就連因向君侯提出該種計謀而自以為很了不起的人，還會大力抨擊此種手段，更直白點來說，若讓這些人發現有人私底下用這種欺瞞與欺騙的手段來交易，他們早就準備好表示這樣的人應該被吊死。」

「這樣一來，人們會認為世上所有的正義皆為平民、低下階層的美德，遠低於王權尊嚴的階層。又，他們或許認為正義可分為兩種類型，一種是低劣的、在地上爬行，因此只不過是下等人類，也必須嚴格限制在設置的界線之內，不可跨越，另一種是君侯特有的美德，比起平民的美德，顯得更具威嚴，因此範圍更為自由，僅以快樂和利益來衡量合法與非法。位在烏托邦周圍各國君王的作法，鮮少考慮到信用這一點，似乎也是這個原因，所以他們才會決定不加入同盟；假若他們是住在我們這邊，這想法或許就會改變。然而，就算更能誠心遵守盟約，這些君王依舊不喜歡締結盟約，因為他們認為這是錯誤的觀念，好似人的本性裡本就沒有東西可以連結各個國家，而每個國家僅是隔座山或隔條河流加以區別而已，還認為所有的人生來就是敵對的，因此可以合法對鄰國做出不好的事，因為沒有協議條款說不能做這樣的事。制定盟約時，若沒有使用巧妙的用字，就沒有有效的條款加以限制，根本就無從去除仇恨敵意，也無法制止相互掠奪的自由。反之，烏托邦人認為沒有人可被視為自己的敵人，因為並未傷害過，所以透過人性即可成為夥伴，也可取代盟約，此外與協議相比，仁慈善良的本性可更有效凝結人類，力道也更強，因為藉此人心的約定會比文字的約束與義務更為有力。」

烏托邦的軍事紀律

烏托邦人憎惡戰爭，認為那是件非常殘酷的事情，更是人性的恥辱，但比起任何一種野獸，人類更常發生戰爭。幾乎與其他所有國家的想法相反，烏托邦人覺得沒有比藉由戰爭取得的榮耀更不光彩的了。因此，他們雖然習慣了要每日固定的軍事操練和遵守戰爭紀律——且不止是男性，女性也同樣參與訓練，以利必要時女性不會派不上用場——但烏托邦人不會草率參戰，除非是為了保衛自己或是朋友被不公正侵略，或是出自於善良本性或是同情心，協助被壓迫的國家擺脫暴政的枷鎖。的確，烏托邦人幫助朋友時，不止是抵禦當下的危險，也會為過往受到的不公而復仇。不過，除非是在衝突發生之前，有事先徵詢了解情況，接受衝突原因，並發現所有的補償要求都被拒，才會接受戰爭是無可避免的，否則他們是不會出動的。烏托邦人認為，不止是當鄰國公開入侵他國、掠奪戰利品，當一國商人，要不就是因為某些不公正法律的藉口，要不就是因為曲解良好的法律，而在他國受到迫害，皆是主動進攻的公正理由。比起其他原由，這是比較正當的原因，因為這些傷害是在部分法律允許之下所造成的。這也是烏托邦人加入尼非羅傑特人攻打阿雷歐波里斯人戰爭的唯一原因[17]，時間點是在我們抵達之前不久的時候。烏托邦人認為，尼非羅傑特商人在阿雷歐波里斯人這邊受到極大的不公，所以（無論不公本身的是與非）引發了一場可怕的戰爭，許多鄰國皆捲入其中。烏托邦人戰力強大，激烈參與，不僅是撼動了一些非常繁榮的國家，也磨難了另一些國家，並且在歷經一連串的毀壞行動之後，最終完全征服了阿雷歐波里斯人。戰爭爆發以前，阿雷歐波里斯人就各方面來說都比尼非羅傑特人出色，但也還是被制伏了。但這並不是烏托邦人自己的戰事，因此他們將所有阿雷歐波里斯人交給尼非羅傑特人當奴隸。

「不過，儘管烏托邦人積極協助朋友，針對這類事件中的傷害獲取賠償，但若詐欺行為發生在自己身上，只要沒有對人施以暴力，那麼烏托邦人只會在不甚滿意的情況之下，不再與對方進行交易。這倒不是因為比起自己人，烏托邦人更看重鄰國，而是跟鄰國做交易乃是在消耗烏托邦自己多餘的庫存，所以比起對烏托邦造成的傷害，欺騙行為給鄰國造成的傷害更顯而易見。此時，烏托邦這邊只有公有的受到波及，但因為烏托邦對出口的貨物並不期待會有收益，原因是他們的量很充足，利用價值很小，所以整體影響不大。因此，烏托邦人認為，要針對影響不大的損失，付上許多條性命進行報復，這對人民的生命與生存實在都太過頭了。但，如果自己的人被誤殺或誤傷，不論是公權力還是私人所為，烏托邦人一聽到這種事情，隨即會派出大使，去要求對方交出犯罪的人，若被拒絕了便會立刻發動戰爭，若對方願意把人交出來，那麼犯罪的人就被判處死刑或奴役。」

「以血腥之戰打敗敵人贏來的勝利，烏托邦人會感到不安與羞愧，認為此舉就跟以過高的代價購入物品（就算這件物品的價值很高）一樣愚蠢。沒有流血，

17 編註：尼非羅傑特人（Nephelogetes）和阿雷歐波里斯人（Aleopolitanes），皆為摩爾創造的虛構民族，前者由古希臘文 nephela 和 genetas 組成，意即「生自雲朵之民族」；後者由 a、laos 和 politas 組成，意即「無人國之居民」。

透過智謀與良好行為贏得的勝利，沒有比這種勝利更感到光榮的了。遇到這種情況，烏托邦人會公開慶祝，並豎起紀念碑表彰成功做到這件事情的人，因為烏托邦人認為這是按著人的本性所做的，以沒有流血的方式征服敵人，這是除了人類以外其他生物所做不到的事情，因為人類運用的是理解力。熊、獅子、野豬、狼、狗等各種動物，皆是運用軀體的力量來對抗，就此來說，許多動物的力氣與兇猛程度都超出人類，所以邏輯與理解力就被壓制了。」

「烏托邦人參與武力戰爭唯一想獲得的，乃是在最短的時間內，取得當初能夠避免戰爭的方法，但若無法取得，那麼就會對傷害他們的人展開報復，以利嚇阻對方往後不會再做同樣的事，好讓對方在將來的一段時間內會害怕再犯。藉由這樣的目標，烏托邦人會評估、調整自己的意圖，由此可見，烏托邦人在戰爭中並不追求對名利虛榮的渴望，而是為了維護自身安全的公義。」

「一旦宣戰了，烏托邦人會製作許多蓋有官印的告示，黏貼在敵國最顯眼的幾個地點。此舉係祕密進行，並在許多地點同時完成。內容不外乎是承諾會大肆獎賞殺死君王的人，並按比例發獎金給殺死其他在君王身邊負責操控戰事發展的人士。要是被貼上標記的人沒有被殺死，而是活捉交到烏托邦人手上，那麼獎金就會翻倍。針對被標記的人，只要願意背叛自己的同胞，除了獎金還會有賠償。藉由這種方式，出現在告示裡頭的人名，不僅不被自己的同胞信任，還會彼此嫉妒，更會因為恐懼與威脅而分心，因為他們當中有許多人皆被自己相信過的人給背叛，就連君王本人也有過這樣的遭遇。這是因為烏托邦人所提出的獎金非常龐大，沒有一種罪行是不會被這樣高額的獎金吸引而犯下的。烏托邦人考量到從事這類作為的人所冒上的風險，所以會依據風險程度補償；不止是有一大筆黃金，還有土地上的豐碩收穫，這些土地位在其他國家，但都是烏托邦的朋友；拿到補償的人可以前往該地，並安全無虞地享受土地，而烏托邦人也非常信守自己立下的此類承諾。儘管在其他人看來是卑鄙、殘酷的，但烏托邦人非常贊同這種腐蝕敵方的作法，並將其看定為明智的作法，可用來終結一場本來得長期作戰的戰爭，也避開了戰場上那一大堆的風險。烏托邦人也認為，這是對人類的愛與憐憫，藉由少數大有罪行的人喪命，即可避免原本在戰事裡敵軍和我方皆會發生的大屠殺。而且，這麼做對敵方也很仁慈，其憐憫同情的程度不輸給對自己的人民，因為烏托邦人知道大部分加入戰爭的人都不是出自於自願，而是被憤怒的君王逼迫的。」

「假若這個方法沒有成功，那麼烏托邦人會在敵方播下紛爭的種子，並鼓勵君王的兄弟或是其他皇室成員奪取王位。如果不能透過內鬥來瓦解敵方，那麼烏托邦人就會拉攏鄰國來一起對付敵方，並挑起一些過往爭端，盡是些有需要時從不會匱乏的事件。這些作為皆有充沛的資金支援，但他們派上戰場的軍隊卻很少，這是因為烏托邦人對自己的人民很溫柔，即便是可以用來交換敵國君王，也不會願意派出軍隊裡的任何一個人。」

「由於烏托邦人的金與銀就是為了打仗存下來的，可以派上用場時，便會隨即拿出來使用，反正也沒什麼其他用處，所以不會打算留在身邊。除了烏托邦內的財富之外，他們在海外也有龐大的財寶，因為周圍許多國家都有欠債。所以，烏托邦人就從各地僱用士兵來打仗，其中以薩波列特人[18]為主，也就是居住在烏托邦東側八百公里的民族。薩波列特人是個粗野兇殘的民族，喜愛野林山地，這也是他們出生長大的環境；既不怕熱也不怕冷，更不怕勞動，完全不懂什麼是精緻的生活。沒有從事農耕，也不在意房屋和服飾，只照料牲畜，主要是靠打獵或掠奪為生，而這民族的存在就是為了戰爭。

薩波列特人一直都在關注參與戰爭的機會，只要有人提出需求，他們隨即就會做好準備接受。大量的薩波列特人經常外出，以極低的酬勞提供服務，效忠僱用自己的人，因為他們不懂得其他任何生活技能，只會奪取性命。他們帶著很大的勇氣與忠誠來服務僱用自己的人，但不會允諾能服務多久的時間，因此即便是同意條件了，只要收到更大的酬金，薩波列特人隔天可能就會去服務敵軍了，但只要又給出更高的酬金，再隔一天可能又會回來。只有少數幾場戰爭裡頭，薩波

18 薩波列特人（Zapolets），摩爾創造的虛構民族，由古希臘文 za 和 nolatas 組成，意即「忙碌的賣家」。

列特人在兩方軍隊裡頭沒有占據很大的比例，因此常會發生的情況就是，以前曾被同個國家僱用的親朋好友，曾經一起生活那麼久、也彼此熟悉，但只要利益不同的君王拿出一點小錢，就毫無顧慮地被僱用去互相殘殺。由於他們十分看重金錢，以至於一天只要有一便士的差異，就會願意轉換陣營。然而，貪婪已完全掌控了薩波列特人，而這些他們如此看重的金錢卻也沒什麼益處，因為這些用鮮血買賣換來的金錢很快就會花費在縱情酒色上，這在烏托邦人看來就只是貧困悲慘的生活方式。」

「總之，薩波列特人就是會幫烏托邦人力抗其他民族，因為烏托邦給出的價格比其他國家都要高。烏托邦人抱持著一個說法，那就是在自己人當中找出最優秀的留在自家運用，所以這類卑劣的人就上戰場去耗費。因此，烏托邦人開出巨額酬金來僱用薩波列特人，讓他們去面對各種危難，其中大多數人其實都無法回來領取烏托邦人所承諾的酬金，但會對倖存下來的人兌現承諾。因此，只要有酬金出現，薩波列特人就會受到鼓舞，再次前去冒險。烏托邦人不在意有多少薩波列特人被殺，只認為若可藉此把世界從下流殘暴人的手中解救出來，那麼也算是在為人類服務了，而殘暴的人似乎就是會聚集在人性的流失之中。

除此之外，薩波列特人上戰場會與烏托邦友邦的輔助部隊一起作戰，再搭配上一些烏托邦人，並從烏托邦人之中選出一位確實高尚傑出的人負責指揮。作戰指揮時，與最高統帥一起的還有兩個人，兩人皆沒有頭銜。要是最高統帥不巧被殺了又或是被擄走了，那麼第一位就要接下指揮棒，但若後來也同樣遭遇不幸，那麼第三位就要接替職位，這麼一來不管發生什麼事，全都有所準備，最高統帥發生意外也不會危及到整支軍隊。

當要派出自己人來組成軍隊時，烏托邦人會從每個城市找出自願從軍的人，沒有人會被強迫，因為烏托邦人認為如果缺乏勇氣的人被強迫了，不僅是行動會疲軟，且膽怯的態度還會減弱其他人的士氣。假使自己的國家被入侵，烏托邦人才會運用這樣的人；就算不勇敢，但體魄好的要不就是分配到船上，要不就是安置在所屬城市的城牆上，與其他勇敢的士兵並肩，這樣的安排就沒有機會可以逃跑了；如此一來，要不就是羞愧感，要不就是戰事熱度，要不就是沒有逃離的可能性，皆會壓制膽怯的心，也常會在必要的情況下展顯出美德、好好表現，因為也別無選擇了。然而，正如烏托邦人不會強迫人民，違背自己的意願去國外參戰一樣，他們也不會阻止那些願意與丈夫前行的婦女，反倒是鼓勵、表揚這樣的婦女，所以婦女常在前線與丈夫並肩作戰。烏托邦人還會把有血緣關係的，父母、孩子、親戚以及相有關係的人，全都安排在一起，彼此親近，藉此啟發本性、拿出最誠摯的熱忱來相互協助，因為彼此應該就是距離最近、最能提供協助的人。假使丈夫或妻子只有一人活下來，又或是父母死亡但孩子存活了，皆是種恥辱，因此一起行動的話，只要有敵人出現，那麼就會持續戰鬥到最後一刻。

烏托邦人用盡各種謹慎的方法，為的就是避免危及自己的人民，只要情勢許可，就把所有的行動和風險都放在僱來的軍隊身上，但是當得親自參戰了，那麼就會鼓足跟先前謹慎避開時一樣多的勇氣，但也不是一開始就猛地充足勇氣，而是得慢慢地增加。隨著行動繼續，變得更為難以應付之時，對敵人能更進一步施壓推進，乃至於寧願喪命也不願意退縮。由於清楚自己若喪命了，孩子也會有很好的照顧，如此就能放下擔心小孩的心情，這股擔憂對非常有勇氣的男人，常可說是非常重要，所以這些人都是帶著崇高、無可阻攔的決心。烏托邦人在軍事方面的技能也能夠提升勇氣，依據烏托邦的法律，人民會藉由教育灌輸明智的觀念，好讓心智更有活力，因為烏托邦人不輕看生命到肆意捨命的程度，也不會過度熱愛到會用卑鄙又難看的手段來保命。

在最激烈的戰鬥裡頭，烏托邦最勇敢的青年會全身奉獻，以公開或是埋伏的方式，鎖定敵軍的最高統帥，四處追擊。追到疲憊不堪時，後續會有其他青年接手，因為他們絕不會放棄追討，要不就是在接近敵軍最高統帥時，近距離用武器攻擊，要不就是中間隔著一堆人，以遠距離方式打傷最高統帥。因此，除非敵軍最高統帥能夠逃脫才可保全性命，否則烏托邦青年鮮少最後是沒有殺死對方，或是把對方囚禁起來的。

當要取得勝利之際，烏托邦人會盡可能降低殺戮的數量，傾向俘虜敵軍，而非屠殺在他們面前逃竄的敵人。追擊敵方時，烏托邦人也不會讓自己這一方散亂到無法維持軍隊的整體秩序。倘若在取得勝利之前，被迫得再投入最後一支部隊，那麼烏托邦人寧可讓敵人全都逃走，也不願意讓自己的軍隊在混亂之中討伐敵軍。這是因為他們記得很清楚那些時常發生在自己身上的事情，也就是當自己的主力部隊幾乎要被擊垮打敗時，敵方心想著就要取得勝利了，隨即就會變得鬆散，追擊也開始變得沒有秩序，此時烏托邦這邊有些人做為後備軍的就在等待這個時機點進行突擊。後備軍趁著敵軍混亂無章，渾然沒有察覺到有危險，覺得自己就是戰勝的一方了，隨即扭轉局勢，親手奪取原本看似已確認無疑的勝利，此時戰敗的一方便會突然就轉敗為勝。」

「我們很難確定烏托邦人比較熟稔的是謀略還是避開埋伏；有時他們看似要撤退了，但實情完全不是這樣，但當打算撤退時，作法又讓人難以察覺他們的意圖。倘若發現所在位置不佳，或是可能會被敵方的人數壓制，那麼烏托邦人會在夜間悄然行軍，又或是策謀欺瞞敵軍。假使得在白天撤退，那麼進行的方式會讓撤退不比進軍時危險。為鞏固軍營，烏托邦人會挖掘一條又深又大的壕溝，並把挖出來的土壤做成牆，這工程不止是讓奴隸來做，守衛營區的士兵以外的其餘整支軍隊會一起投入，有了這麼多人手，便可以驚人的速度，在短時間內完成一條大又堅固的防線。

烏托邦人的盔甲可說是非常堅固的防衛，但卻又不會笨重到阻礙行軍，甚至還可以穿戴著盔甲游泳，他們的軍事訓練就包含這樣的操練。遠程攻擊方面，騎兵和步兵都非常擅長使用弓箭，而且還是相當專精的程度。他們戰鬥時不使用劍，而是用既鋒利又沉重的長柄斧頭來突刺或揮砍敵人。烏托邦人相當善於發明作戰裝置，且還偽裝得如此之好，以至於敵人在看到裝置被使用之前，渾然不知道裝置的存在，所以也無法預備好能讓裝置失效的措施，而對烏托邦人來說，製作作戰裝置的首要考量就是要便於攜帶與操作。

「倘若同意休戰了，烏托邦人會信守到底，任何挑釁行為都無法毀壞這道約定。烏托邦人也從不會荒廢掉敵方的鄉村，更不會焚燒穀物，甚至連在行軍的過程中，也會盡可能不讓馬匹和士兵的腳踩踏到穀物，因為他們也不確定自己是否會有用到這些穀物的一天。除非是敵軍的間諜，否則烏托邦人不會傷害沒有持有武器的人。凡向他們投降的城鎮，烏托邦人皆會納入保護。每當全面征服某個地方了，烏托邦人也從不掠奪該地，只有反抗、不肯投降的人才會落入烏托邦人的武器之下，敵軍部隊裡剩餘的人則會成為奴隸，至於其他的居民，烏托邦人完全不會傷害他們，且若當中有人提議投降，那麼烏托邦人就從被判定為有罪者的財產之中，拿出一部分做為豐厚的獎賞，剩餘的錢財則分給盟國的軍隊，但他們自己不拿取任何戰利品。」

「戰爭結束之際，烏托邦人不會強迫自己的朋友補償打仗的開銷花費，倒是從被征服的國家取得補償。若收到的是金錢，那麼就留著下次打仗用，若是土地，那麼就可以一直收取得支付給烏托邦的賠款。由於烏托邦增加了許多因戰敗而得支付錢財的國家，所以現在的金額已經來到每年超過七十萬達克特[19]。烏托邦會派自己人去收取這些收益，這些人還被交代得過上奢華如君王般的生活，也就是說得在當地花費掉絕大部分的收益，然後把剩餘的金錢帶回烏托邦，或是拿去借給當地所屬的國家政府，這是烏托邦人最常做的方式，除非有大事發生，不然借款後來都沒歸還，且鮮少會要對方全額歸還。畢竟，用來鼓勵不計後果努力嘗試冒險者的獎賞，乃就是出自於這些土地。若有哪位君王打算入侵烏托邦，烏托邦人便會阻擋，並讓對方的國家成為戰場，這是因為他們不願意忍受有戰爭發生在自己的島上，也不願意請任何的外國輔助部隊登上他們的島嶼。」

19 編註：達克特（Ducat），從中世紀後期至二十世紀期間，在歐洲做為流通貨幣使用的金幣，含有三．五公克的黃金。

烏托邦的宗教

「不止是島上不同的區域有不同的宗教，就連每座城市也都有多種宗教。有些人拜太陽，有些人拜的是月亮或是其他星球，有些人則是拜那些生前具有崇高美德或聲譽顯赫的人士，不僅把他們當作是一般的神明，更做為至高無上的神。不過，烏托邦裡較為崇高、聰明的人士不拜這一些，他們敬仰的是一位永恆、無形、能力無可限量且難解的神，這位神的存在遠超出我們所能理解的。祂遍布整個宇宙，靠的不是祂的形體，而是祂的能力與美德。烏托邦人稱這位神是萬物之父，相信萬物的開端、增長、進步、波折與結束全都是源自於祂，而屬神的尊榮也不給其他的，只獻給這一位神。確實，儘管烏托邦人在其他的宗教事務上有分歧，但卻都同意這一點：有一位至高無上的存在，是這個存在創造且統治著世界，他們用烏托邦語稱呼為這個存在為『密特拉』[20]。至於分歧的點，則是有人認為自己拜的神就是這位至高無上的存在，另一個人則認為自己的偶像才是這位神。不過，烏托邦人皆同意一項原則：無論哪一個才是這位至高無上的存在，這位祂就是那偉大的存在，萬國皆同意所有的崇敬都歸屬於祂的榮耀與大能。」

「烏托邦人已逐步擺脫原本存在的各種迷信，並統一相信最為合理的那一種派別。可以肯定的是，若部分建議烏托邦人放下迷信的人沒有遭逢意外的話，那麼其他宗教早就消失了，因為這些意外被看待為天譴，所以人們便會害怕自己拜的那一位神，且會因為自己打算放棄而介入，並報復藐視神的權柄的人。」

「烏托邦人從我們這邊聽到基督的教義、生平和神蹟，以及許多殉道者如此心甘情願奉獻自己鮮血的奇妙堅忍，乃是把信仰散播到許多國家的主要原因，且難以想見人們是多麼願意接受這一分信仰。我無法斷定這是否是出於上帝的某種默示，還是因為與當地最多人信仰的教派相似，但這對烏托邦人來說既是特別又是十分看重的觀點，因為他們認為基督與其追隨者皆是按照著「共享」這條規則生活，且最真誠的基督徒社群依然遵從此條規則。不論動機為何，實情就是有許多烏托邦人藉由洗禮加入了我們的宗教。可是，由於我們有兩位成員過世了，倖存下來的四個人全都不是神父，所以，非常遺憾的是，烏托邦人無法領受只有神父才可以主持的聖禮，但他們已經清楚相關知識，也非常渴望能夠領受聖禮。他們之間起了很大的爭論，探討即便沒有取得教宗的權柄，到底烏托邦人選出來的祭司是否會因而資格不符，所以不能主持應該由神父來帶領的聖禮。後來，他們似乎是決定選出一些人來做這些工作，但當我離開烏托邦時，他們都還沒有選出這樣的人。」

「烏托邦人之中，有些人沒有接受我們的宗教，但並不會懼怕信的人，也不會傷害歸信的人。我待在烏托邦的期間裡，只有一個人因為宗教衝突而遭受責難。當時，此人剛受洗，儘管我們反覆勸告，但他卻還是公開講論基督教，一頭

20 編註：密特拉（Mythra），古伊朗神祇名，掌管光明、太陽、契約、誓言、正義、友誼等，於一至四世紀時，以密特拉為信仰中心的密教曾盛行於羅馬帝國境內。摩爾可能以此為靈感，為烏托邦人的主神命名。

熱的態度大過謹慎思考的程度。那激烈的程度，不僅是偏愛我們所敬拜的超過烏托邦人的敬拜，還譴責烏托邦的各種儀式都是屬於世俗的，大聲責難那些遵循烏托邦宗教的人，說他們不敬虔又褻瀆神，更該受永火的焚燒。由於此人經常以此種方式傳道，後來就被抓了。審判過後，他被判流放，但理由卻不是因為他貶低烏托邦的宗教，而是因為造成社會騷亂。在烏托邦相當古老的法律之中，載明了任何人都不應該因為自己的信仰而受到懲罰。烏托邦成立之際，烏托布斯早已在自己來到此地之前，就知道這裡的居民一直發生因宗教而起的激烈爭吵，導致大家四分五裂，所以自己才能不費吹灰之力就征服此地，因為大家不是團結起來對抗他，而是每個宗教派系分別為自己而戰。因此，烏托布斯征服此地之後，隨即制定了一條法律，規定每個人都可以信奉自己所喜愛的宗教，並可努力藉由說辯的力量，以及謙虛、友好的方式來勸人接受自己的信仰，但卻不可怨恨他人的看法與觀點。但是，除了勸說之外，不可使用其他的強迫方式，既不可責備也不能使用暴力，否則就會被判處流放或奴役。」

「烏托布斯制定這條法律不僅是為了維護公眾的和平，因為烏托布斯見到日常的爭吵與無可化解的對峙已重重傷害此地的平和關係，也因為烏托布斯認為這是為了宗教好，所以才需要制定這條規定。烏托布斯認為不宜輕率做出任何決定，且也不確定這些不同形式的宗教是否全都來自上帝。上帝或許會以不同形式來給人類啟示，也會因為宗教多樣化而感到高興，因此烏托布斯認為威脅恐嚇他人，好讓對方相信在他自己看來不可信的事情，這實在是愚蠢又不正當。此外，烏托布斯料想的是，如果只有一種宗教是真的，其餘宗教都是假的，那麼他可以想見，只要在論據的力量支持之下，再賦予溫柔、沒有偏見的心態，那麼真理自有的力量終會閃耀著光芒、衝破而出；另一方面，假若以暴力和喧譁來爭論，由於最邪惡的也總會是最為頑固的，那麼最好、最神聖的宗教也可能會因迷信而窒息死亡，就如同玫瑰花叢和荊棘會使得麥子活不下去一樣。

所以，烏托布斯讓大家完全自由，可依據自己看到的，自由選擇信仰。烏托布斯只制定了一條鄭重又嚴厲的法律，針對那些人性尊嚴墮落到認為我們的靈魂與肉體都一同死去，又或是認為這個世界是被隨機主宰的，而沒有智慧的天道在支配一切。這裡的人都相信死後會有善惡獎懲，且並不把那些不認同的人當作人類看待，原因是這樣的人貶低了靈魂這高貴的存在，更覺得這樣一點也好不過野獸的靈魂。因此，烏托邦人不認為這些人適合生活在人類的社會，也不適合有秩序的共和國，因為有此種原則的人只要敢這麼做，勢必會藐視烏托邦的文化與法律。一個什麼都不怕，且對死後也完全不懂的人，肯定是不會有任何顧忌，所以會肆無忌憚地觸犯自己國家的各種法律，不管是欺詐還是暴力，只有犯法了才會感到滿足。

烏托邦人從不提拔、不表揚持有此類觀點的人，也不讓他們出任職務，更不會聘用他們從事公眾託付的工作，而是鄙視這些卑鄙、沒有道德的人。不過，烏托邦人並不會懲罰他們，因為他們相信著一種說法，即一個人不能單憑逼迫就讓自己相信所有喜愛的東西；也不會脅迫任何人掩飾自己的想法，這樣人們就不會被誘惑去撒謊或是掩飾自己的觀點，畢竟這是烏托邦人所憎惡的一種騙局。的確，烏托邦人非常小心，為的就是要避免因捍衛觀點而發生爭論，特別是公開在普通百姓的面前捍衛觀點的時候，更是格外小心。他們耐著性子，也鼓勵這樣的人私底下去找祭司和尊貴人士討論這些議題，因為烏托邦人相信只要把理由擺在這些人面前，那麼就可以治癒那一些瘋狂的觀點。另有一些人則走向了另一個極端，由於不被認為是種不好或是不合理的想法，所以也完全沒有被阻止。儘管動物的靈魂遠較人類的低下，也無法獲得如此多的幸福，但這些人卻認為動物的靈魂是不朽的。

幾乎所有的烏托邦人都相信，好人會在另一個世界裡永遠幸福快樂，所以雖然會同情生病的人，但不會為任何人的死亡感到悲痛，除非是見到人不願意離開生命了才會感到哀傷，因為這種情況在他們看來就是非常不好的預兆，彷彿將到來的不幸帶來了祕密的暗示，暗指靈魂意識到自己有罪，感到非常絕望，非常懼怕離開肉體。他們認為，被上帝召喚了，但卻不是心情愉快地離開，又是推遲、又是不願離開，彷彿是被拖走的人，這樣出現在上帝面前時，乃不會被上帝所接受的。因此，當看到有人是這樣死去的時候，他們會感到非常懼怕，他們悲傷，但靜靜地把人抬出去，同時祈禱上帝會憐憫這逝去的靈魂所犯下的錯誤，然後把屍體埋進地底下。不過，要是愉悅地死去，那就是充滿希望，這樣就不用哀悼，把人抬出去的時候會唱上讚美詩，極為認真地向上帝稱讚這靈魂，態度整個顯得莊重而不是悲傷，並在火化屍體過後，就地豎起一根柱子，上頭刻著紀念死者的銘文。從葬禮回來之後，大家會談論死者的善行與值得稱讚的行為，但更常見的狀況是會大為讚賞死者能安詳離開。

烏托邦人認為，這種紀念善人的致意，既可立下善人的榜樣，大力促使他人仿效，也是表彰善人最為贊同的方式，因為他們相信，即便人類的視覺能力不夠完美，看不到死者，但死者卻依然待在大家的周圍，也能聽到那些講述關於自己的話語。他們也相信，若遠行的靈魂不能自由去往想去的地方，那麼就不符合遠行靈魂應要擁有的幸福了，同時也無法想像死者能夠忘卻過往，不會想要看看在世一起生活，有著情愛與仁慈緊密連結的親友。更何況，他們也已被說服相信，好人在死後還是會擁有這些情感，且所有其他的好性格只會增加而不會減少，因此得出結論，死者仍會存在活人當中，觀察著活人的所作所為。因此，人們以更能獲取成功的信心，處理自己的各種事務，宛如相信死者會保護他們一樣，而這種對祖先仍存在的看法，可說是具有抑制的作用，防範大家做出不當的行為。」

「烏托邦人嘲笑、看不起占星術和其他不真實的迷信占卜，但這些占卜在其他國家卻是相當普遍。不過，烏托邦人面對沒有大自然力量幫助而被創造的奇蹟，卻是懷有極大的敬畏之心，並視之為那位至高無上的存在顯現帶來的影響和展現，且烏托邦人表示這種情況在他們身上發生過很多次。有時，在重大危急的情況之下，他們莊嚴地向上帝公開祈禱，也確信會被聽到，而上帝會以神蹟般的方式回應這些禱告內容。」

「烏托邦人認為，要在上帝的造物之中尋思上帝，並因為這些造物而崇拜上帝，全都是非常受到讚許的敬拜方式。」

「烏托邦人之中，有許多人因為宗教的關係，便不再看重文學，也從不讓自己去學習任何形式的科學，但他們不讓自己有任何的空閒時間，老是一直忙個不停，相信藉由做好事可確保自己死後得到幸福。有些人是去照顧病人，其他人則是去修補道路、清理溝渠、修補橋梁，或是去挖掘草皮、礫石、石頭。另有些人是去砍伐木材，用車把木頭、穀物和其他必需品拉到城市裡頭。此外，不止是為公眾服務，還為個人服務，做的甚至還比奴隸多。只要哪裡有苦差事、哪裡有骯髒的工作，也就是許多人若不是因為感到無法勝任，也會因為太勞累、太汙穢而卻步的事情，然而這些人都會很樂意接下差活。透過這種方式，這些人可以讓他人輕鬆不少，然後讓自己受苦，窮盡一生都在從事艱苦的勞動，但他們卻不會因而自負，更不會搶他人的功勞給自己。由於委身在卑賤的工作裡，所以大家不僅不會鄙視他們，全國上下更是尊敬這種人。」

「這當中有兩種人。一類人是過上獨身的貞潔生活，也不吃任何一種肉類。由於認為快樂是有害的，也就戒斷了生活裡的各種樂趣，且即便是透過最為艱難痛苦的方式，也要追求來世的幸福，所以越是接近這種幸福，這種人就越開心積極追求。另一類人一樣讓自己勞苦，但選擇結婚而不是單身；不讓自己排拒快樂，所以認為生兒育女是自己對人性和國家所欠下的債務。同時，只要不妨礙勞動，那麼便不會閃避任何一種快樂，所以這類人較樂意吃很多肉，如此可有助於他們的工作。烏托邦人認為，後者是明智的，而前者是最為神聖的。確實，人若只出自於理性，偏好維持單身而不願結婚，或是寧可勞動也不願過上安逸的生活，烏托邦人會嘲笑他，不過他們卻尊敬、讚賞出自於宗教的動機而這麼做的人。沒有任何一件事情，比對任一宗教斷然發表看法更加謹慎的了。帶領人們過上這種嚴苛生活的人，用烏托邦語是稱做為『卜塞瑞斯卡士』[21]，相對應於我們所謂的修會。」

「烏托邦的祭司都是十分虔誠的人，所以數量很少，每座城市只有十三位祭司，每個會堂只有一位祭司。發生戰爭的時候，其中七人會跟著軍隊一起外出，

21 編註：卜塞瑞斯卡士（Buthrescas），由諾斯底主義一神明名 Bythos（拜多斯）和古希臘文 ureskos 組成，意即「拜多斯崇拜者」。

另外則會選出七人來遞補空缺。打仗回來後，祭司又會各自回到自己的職務上，至於那些在原本祭司離開時所選出來的人，則是終生隨侍主教，由主教掌管其餘的人。這些人就跟其他官員一樣，皆是由人民透過祕密選舉票選出來的，為的就是要防止派系出現；被選出來之後，便會由祭司團來祝聖。

所有神聖事物的看管、敬拜上帝、監督人們的行為舉止，全都交託給祭司。對個人來說，被祭司召見或是找來私底下談話，乃是件羞愧的事，因為必定是此人生活出現不道德的作為。祭司所要做的就只是規勸、告誡人民，而矯正和懲罰惡人的權力則完全歸屬君侯與其他官員。祭司所能做最為嚴厲的事情，即是把那些極為敗壞的人排除在他們的崇拜禮儀之外。他們所能做的懲處，沒有比這更讓人恐懼的了，因為這是十分蒙羞的，更讓人默默充滿恐懼，對自己的信仰產生敬畏之意。此外，他們的肉體也不會長久免於痛苦，因為若不能儘快讓祭司採信自己悔改的事實，那麼就會被參議會抓去，接受不虔誠的懲罰。

青年教育是屬於祭司的工作，但他們並不會太在意用文字來教導青年，而是培養他們正確的思想與作為。他們用盡一切可能的方法，很早就給兒童可塑性高的稚嫩頭腦灌輸觀念，這些意見本身都是良好的，對共和國也是有益的。理由是在這個年齡深刻記下這些事情的話，人們一生都會遵循照做，並非常有助於維繫和平的政府，畢竟政府所承受的，不外乎就是不良觀點所帶來的惡行。」

「此外，祭司的妻子是全國上下最不平凡的女人。有時婦女會被任命為祭司，但這種情況很少發生，且只有年紀很長的寡婦才會被選做為祭司。」

「沒有一個官員獲得的榮譽，大過祭司的榮譽。要是他們不巧犯下了任一種罪行，也不會因而被審問，懲罰是留給上帝和他們自己的良知。無論有多麼邪惡，烏托邦人都不覺得對奉獻給上帝的人下手是合法的，此外，也不覺得這樣是會有多麼不方便，一方面是因為烏托邦的祭司數量太少了，另一方面是因為挑選祭司的過程都很謹慎，所以這些靠美德而選上的人，享有如此高的尊貴地位，會成為墮落敗壞的邪惡之人，實在難以想像。但畢竟人本來就是多變的生物，假若發生這樣的事情了，由於祭司的數量本來就少，且只享有敬意，並沒有握有實權，因此祭司享有的保障不會對大眾帶來重大影響。」

「確實，祭司的數量非常少，若有更多人同享一樣的榮譽，可能會讓祭司過於看重這個階級的尊嚴而沉淪。而且，烏托邦人也覺得很難找到許多人，有著符合這項尊嚴如此崇高的品德，這是需要比普通美德還要更高的美德才行。而且，祭司在烏托邦所受到的尊敬程度，並不會高於在鄰國所得到的敬重，你們可以從我提出的解釋明白這一點。」

「烏托邦人去打仗時，與他們一起出征的祭司會穿上神聖的祭衣，在部隊展開行動之際，（在距離戰場不遠的地點）跪下禱告，首先是祈求和平，接著是祈禱自己這一方會勝出，尤其是希望可以在雙方都不流血的情況下就取得勝利。當勝利轉向自己這一方時，祭司會跑到自己的部隊裡頭，抑制大家的怒火。當敵軍看到祭司的時候，或是呼喚了祭司，便可因而獲得保護，凡能靠近到觸摸到祭司身上的衣物者，不僅是生命，連財富也能獲得保障。正是因為這個原因，周圍鄰國皆很重視烏托邦的祭司，也十分尊敬他們，所以烏托邦祭司常常保護自己人民免受來自敵軍的暴怒攻擊，同時也時常拯救敵軍脫離烏托邦軍隊的憤怒攻擊。有時，烏托邦的軍隊被迫逃竄而陷入混亂，而敵軍則忙著屠殺掠奪，此時烏托邦的祭司便會介入，把雙方人馬分開，以免更多人見血，就在祭司的調解之下，便能以非常合理的條件平息戰火，達成和平。沒有一個國家會如此野蠻、殘忍又兇猛，不把祭司的軀體看待為神聖不可侵犯的。」

「每個月和每一年的的頭一天和最後一天，都是烏托邦人的節日。他們利用月亮的運行軌跡來計算月分，並用太陽的運行軌跡來計算年分。在烏托邦語裡頭，頭一天稱為『奇奈莫內斯』，最後一天稱為『托拉佩莫內斯』[22]，套用我們的語言則是用來揭露季節開端與結束的節日。」

「烏托邦有著宏偉的會堂，不僅建造華麗，且還相當寬敞，這點很有必要，

22 編註：奇奈莫內斯（Cynemernes），由古希臘文 kuon 和 hemera 組成，意即「犬日」，應以希臘神話中象徵為狗的月陰女神黑卡蒂（Hecate）為靈感所創。托拉佩莫內斯（Trapemernes），由古希臘文 trepo 和 hemera 組成，意即「變換之日」。

因為這裡的會堂實在是太少了。會堂裡頭有一點昏暗，但不是建築構造失誤導致的，而是刻意的設計，因為祭司認為內部太亮的話，可是會分散思緒的，而適度的晦暗則可以喚起心智，讓人更為虔誠。儘管烏托邦有許多不同的宗教，就算差距很大，但主要觀點是一致的，即敬拜的就是那一位至高的存在，因此在會堂裡頭所看到的和聽到的，並沒有什麼會讓擁有不同信仰的人表示不認同的地方，因為每個宗教都會在私人住宅舉行特有的儀式，而公開的崇拜不會有任何與其他宗教相衝突的特殊作法。烏托邦的會堂裡頭，沒有上帝的形象，所以每個人皆可依據自己的宗教，在腦袋裡想著神的形象。不管是相信哪一個宗教，除了密特拉這個共有的名字，用來稱呼這位至高的存在，烏托邦人不以其他名字稱呼神。前來禱告的人民之中，每個人都會使用這個名字，不會感到損傷到自己的觀念。」

「每個季節結束這一天節日的晚上，烏托邦人會在會堂裡聚會。此時還沒有結束齋戒，他們要感謝上帝這一年或這一個月的美好成功。隔天，由於是新的一季的開始，烏托邦人會早早在會堂聚會，祈禱自己在即將踏入的新階段裡，所有的事物都能順利。每季結束的這天節日裡頭，在出發前往會堂之前，妻子和孩子都要跪在丈夫或父母的面前，承認自己所有犯下的錯誤或是沒有盡責的地方，並乞求原諒。藉此，家中所有小小的不滿全都移除了，然後便可以帶著純粹平靜的心，好好地去做敬拜禮，這是因為認為帶著胡亂的思想，又或是心中抱著對他人的仇恨或憤怒的情緒，都是很不敬虔的。烏托邦人認為，若沒有潔淨心靈和調解所有分歧，便擅自進行奉獻禮，那麼就該受到十分嚴厲的懲罰。

會堂裡頭，男人與女人是分開的，男人在右手邊，而女人在左手邊，且男人和女人都會坐在自己所屬家庭的主人或女主人面前，好讓家中管理他們的人可以在公共場合看到他們的行為舉止。此外，大家會混坐一起，好讓年輕的和年長的可以彼此相處，因為如果年輕人一直都聚在一起，也許會把時間浪費在胡鬧上，而這些時間原本是該用在自己身上，好讓自己對至高無上的宗教產生敬畏之意，這可是獲取美德最好的方式，也幾乎可說是唯一的方法。」

「烏托邦人從不拿活物當作獻祭，也不認為活物適合神靈，這些生物可是從神的恩賜裡頭獲取到生命，所以神不會因為得到活物的生命或鮮血而感到喜樂。敬拜的時候，烏托邦人會焚香或是燃燒其他氣味香甜的東西，同時也會點燃許多蠟燭，這麼做並不是認為可以增添神性（即便是禱告也做不到），而是因為這是一種無害、純潔的方式來敬拜上帝。因此，烏托邦人認為，這些香甜的味道與燭光，搭配上其他儀式，可藉由神祕難解的美德，提升人的靈魂，並在神聖的禮拜之中，燃起更大的能量與喜樂。」

「所有來到會堂裡的人，全都穿著白色的服飾。不過，祭司是身穿彩色祭衣，其工藝和顏色都極為美麗，但不是用精美布料做成的，也沒有刺繡或是寶石裝飾，而是用數隻鳥的羽毛組合而成，其中運用的工藝如此之多，且還相當整齊，所以這祭衣的實在價值已遠超出最昂貴的布料。烏托邦人指出，這些羽毛的擺放排列裡頭，代表著某些不明的奧祕，這項祕密傳統的含意乃在祭司之間傳承，猶如象形文字一般，幫助祭司牢記人們收到來自上帝的賜福，以及對神的職責。每當祭司穿戴上這些服飾出現的時候，大家全都會匍匐在地，是如此地崇敬，又是如此地肅靜，以至於一旁的人無不被震撼到的，宛如是神靈現身的模樣。就這樣匍匐一段時間之後，在祭司的示意之下，大家都站了起來，唱詩歌榮耀上帝，期間一直都有些樂器在演奏。那裡的樂器與我們的完全不同，聽起來優美許多，但有些跟我們的樂器完全無法比較。然而，有一件事，烏托邦人已遠超越我們；他們的音樂，不論是聲樂還是器樂，皆能詮釋出自然的情感，且還相當合適每一種場合，所以不管詩歌的主題要是喜樂的，或是要用來撫慰心情，還是讓人感到憂愁，又或是要表達悲傷或悔恨的，這些音樂皆能傳遞所想要展現的，撼動、點燃情感，把情緒深深傳入聽眾的內心。

做完這些之後，祭司與群眾會用一套固定的話語，向上帝獻上非常嚴肅莊嚴的禱告。無論整體群眾如何宣讀這禱告詞，其編寫方式可讓禱告內容套用於個人的情況。禱告詞裡頭，大家承認上帝是世界的創造者與統治者，也是他們收到的一切美善的源泉，因此向祂獻上自己的感謝之意，尤其要為上帝的美意造就一切而稱祂為聖，所以自己才會誕生在世界上最幸福的共和國裡，同時也才會相信自己期望是所有宗教裡最為真實的信仰。可是，假使自己想錯了，其實有更好的社會，或是更讓神悅納的信仰，便會懇求上帝施展仁慈，好讓自己發現自己錯了，並誓言無論祂如何帶領自己，必會一路跟隨；又，假若自己的社會是最好的、自己的信仰是最真的，那麼就祈禱上帝能鞏固他們的內心，並讓整個世界皆遵守相同的生活準則，也接受有關上帝的觀點，但如果是因為上帝心思的不可探究性，所以上帝喜見各種不同的宗教，那就無所謂了。接著，大家會祈求上帝最終能給他們一條輕鬆的道路，好前往上帝的身邊，而不是擅自設下時限，覺得要多早或多晚才行。不過，若可以說出期望，但不減損上帝的至高主權的話，大家會希望可以儘快被拯救，好早日被帶到上帝的身邊，所以寧可以最可怕的死亡方式離開，也不願被困在最為富裕繁榮的生活裡而不能見到上帝。禱告結束之後，大家又會匍匐在地上；過一段時間才會站起來，回家吃午餐，而當天剩餘的時間就在休閒活動或軍事操練之中度過。」

對烏托邦的讚許

「我盡可能跟你們描述這個共和國的組成，我不只覺得他們是世界上最棒的，還是唯一真正配得上『共和國』這稱號的地方。在其他地方，可以看見的是，每當談論到共和國，每個人都只是在乎自己的身家，可是在烏托邦的話，那裡沒有人擁有任何財產，所有的人都很熱心地在追求公共的利益。看到烏托邦人的行為如此不同確實一點也不意外，因為其他共和國裡的每個人都曉得，除非先養活自己，否則不論共和國有多麼繁榮，自己必定會餓死，所以才會覺得有必要把對自己有利的事情放在公共利益之前。不過，在烏托邦裡，每個人對每樣東西皆有所有權，且大家都知道，只要確保公有倉庫是滿滿當當的，那麼就沒有一個人會有所匱乏，因為這裡不會有分配不均的情況，所以這裡沒有窮人，也沒有人是匱乏的，儘管大家沒有擁有任何東西，但卻全都是富有的。

除了能過上寧靜又快樂的生活之外，還有什麼更大的財富嗎？沒有憂慮，也不必擔心自己有所匱乏，更不必為了妻子不停歇的抱怨而煩惱。烏托邦人不用憂愁孩子生活艱辛，也不必為女兒的嫁妝擔憂，且每個烏托邦人與自己的妻子、孩子、孫子，乃至於可以想得到的後代子孫，全都受到了保障，皆可過上富足幸福的生活。畢竟，在烏托邦這裡，連曾經參與勞動，但後來無法繼續勞動的人，所收到的照料也不會輸給仍在工作的人。

我很樂意聽聽，來個人把烏托邦的正義與所有其他國家的比較一番。在其他國家裡頭，若可以看到宛如是公平正義的事情的話，那就取我性命吧！在那些國家裡，貴族、金匠、銀行家等這類的人，要不是什麼事都沒有做，要不就是充其量只從事一些對公眾沒有用處的工作，但卻過上極為奢華輝煌的生活，那可是以惡劣手段取得到的；至於窮人，車夫、鐵匠、農夫，他們工作的勞累程度還超過了自己的牲畜，從事著必要的勞動，沒有一個共和國可以在沒有這些人的情況之下度過一年，但他們卻只能過上貧困的生活，為生活吃盡苦頭，就連牲畜的日子都過得比他們好，這是什麼樣的正義？野獸也不用老是工作，每一餐幾乎還吃得跟人一樣好，而且還更快樂，對於未來將要發生的事情一點也不用擔憂，然而窮人卻得因成果不豐碩的工作而感到消沉，晚年還要擔憂會有所匱乏，因為他們每天的勞動就只足夠滿足當下的需求，收入一進來之後，很快就被消費掉，所以沒有剩餘的可以留到老年。」

「這種共和國豈不是既不公正又忘恩負義？慷慨對待那些被稱為士紳、金匠以及那一群無所事事的人，也對靠著奉承或是虛榮享樂為生的人很大方，但另一方面，卻不照顧那些較為貧窮的人，像是農夫、煤炭工、鐵匠等。沒有這些人，共和國又如何能存在呢？然而，大眾從這些人身上掠取各種好處過後，這些人開始受到年齡、疾病、匱乏所折磨，他們付出過的勞動與做過的好事全都被遺忘了，而大眾給予的回報就是讓這些人受苦等死。較富有的人往往是想方設法降低給工人的工資，不僅是藉由詐欺的手段，更為此遊說、制定法律。因此，給那些對大眾貢獻良多的人那麼少的酬勞，本是件極不公正的事情，卻因遊說，制定了法律，使得這些苦難有了名正言順的名稱與色彩。

「所以，我必須說，求神憐憫啊！我對於我所看過或知道的各個政府，沒有什麼其他想法，就只認為這些政府都是富人共謀組成的，假裝是在治理民眾，但卻是在謀求個人的目的，謀劃出各種他們能找到的手段和方式。首先，富人可以在完全沒有危險的情況之下，保存不當取得的一切，然後再盡可能以極低的費用，找來窮人為自己勞動和做苦工，隨心所欲地壓榨窮人。同時，如果富人能順利藉由公權力的外貌架構起這些計謀，而由於公權力被認為是代表全體人民，所以計謀就會被視為是法律規定了。

但這些極其貪得無厭的惡人瓜分了原本其他人都可以享有的好供應之後，其握有的幸福程度仍遠遠不及烏托邦人享受到的幸福美好，這是因為烏托邦裡頭，錢財的運用和貪婪已被熄滅，許多焦慮憂愁與重大危害隨之消散。誰沒看過欺詐、盜竊、搶劫、爭吵、騷亂、糾紛、煽動叛亂、謀殺、背叛、巫術？確實，這些行為無法透過法律來預防，而只能為受害者復仇。假若金錢不再被世界所看重的話，這些作為不就會減少？人的恐懼、焦慮、煩惱、勞苦、警戒，全都會在金錢價值消逝的那一刻隨之消除，甚至連貧困這件事情也會跟著消失，因為金錢是必要的看法已不復存在。為能正確理解這一點，在這裡舉個例子。」

「試想有一年的農穫不豐盛，以至於有成千上萬人餓死。然而，到了年底，前往調查囤積穀物的富人倉庫，便會發現其實有足夠的食物可用來避免那些受苦的人餓死，而且如果可以分給大家，那麼就不會有人蒙受短缺所帶來的影響。要給每一條生命提供所需，是一件多麼容易的事，但那名為金錢的該死東西，原先被發明來獲取我們的所需，現在卻成了我們獲取必需品唯一的阻礙！」

「我一點也不懷疑富人早就看清了這點，也非常清楚沒有缺乏任何生活必需，遠比擁有豐沛多餘的物品更為快樂；又，比起擁有許多豐沛的財富，從極度苦難之中解脫才更為幸福。我認為，若不被苦難源頭的人性瘟疫——驕傲——所阻擋，人之於利益的天性，外加上有著無盡智慧的基督戒令的權威，所以知道什麼是最好的，也能幫我們找到最好的，那麼全世界都會遵從烏托邦的法律了。以驕傲衡量的幸福，多不是出於自己能帶來的便利性，而是他人遭受的苦難程度，且若沒有人繼續遭受磨難的話，驕傲也不會滿足於被當作女神看待，因為有了受難的人，女神才有對象羞辱。驕傲會認為，拿自己的幸福與他人的不幸比較，如此自己的幸福才會更為閃耀，又藉由展示自己的財富，便更加能感受到他人的貧窮。這就是那一條地獄之蛇，爬進凡人的內心，牠像短印魚一樣會吸附在宿主身上，所以很難被拉出來，讓人們去選擇更好的生存之道。

為此，我很高興烏托邦人生活在此種形式的政府底下，更希望全世界都能有智慧來仿效烏托邦，因為烏托邦人確實已經制定好了這類政策的計畫與根基，好讓人們可以在此之下幸福生活，也讓這樣的政策得以延續下去。烏托邦已經徹底消除人民心中各種野心與派別的種子，國內沒有發生動亂的危險，光是這一點就能毀滅許多看似安全無虞的國家。只要在烏托邦內穩當生活，受到如此優良法律的治理，就算周圍鄰國心生嫉妒的君王時常企圖來搞破壞，也只是徒勞無功，永遠都無法讓烏托邦陷入動盪混亂之中。」

結語

拉斐爾講完之後，我有了許多想法。關於烏托邦人的法律和風俗，還有他們打仗的方式，以及宗教信仰方面的事務，和一些其他細節，感覺有些荒唐。特別是那些看起來似乎是烏托邦一切根基的部分，也就是他們的共產生活以及不使用金錢。對大部分人來說，金錢是一共和國最高貴、壯麗、輝煌、威嚴的裝飾品和榮耀。不過，我察覺到拉斐爾已經疲倦了，不確定他是否能輕鬆接納反對的觀點。我記得他先前提到，有些人為了展現自己的聰明，便會一直挑其他人發明的瑕疵。於是，我便只是稱讚了烏托邦的形式，也讚許拉斐爾提供的描述，接著就拉著拉斐爾的手，帶他去吃晚餐，並告訴他，我會再找時間進一步具體探究這個議題，做更詳細的討論。

其實，我應該要很高興有這樣的機會，但同時也得承認，拉斐爾既是個很有學識的人，也對這個世界有著豐沛的知識，但我無法全然同意他所說的一切。不過，我不是只是期望，而是殷切盼望我們的政府能夠遵循烏托邦共和國裡頭的許多作法。

烏托邦/湯瑪斯.摩爾(Thomas More)著 ; 吳盈慧譯. -- 初版. -- 臺北市 : 英屬蓋曼群島商網路與書股份有限公司臺灣分公司出版 : 大塊文化出版股份有限公司發行, 2024.08
216 面 ; 14.8 x 20 公分. -- (黃金之葉 ; 33)(Net and Books 網路與書)
譯自 : Utopia

ISBN 978-626-7063-80-4(平裝)

1.CST: 烏托邦主義

549.815　　　　113009683

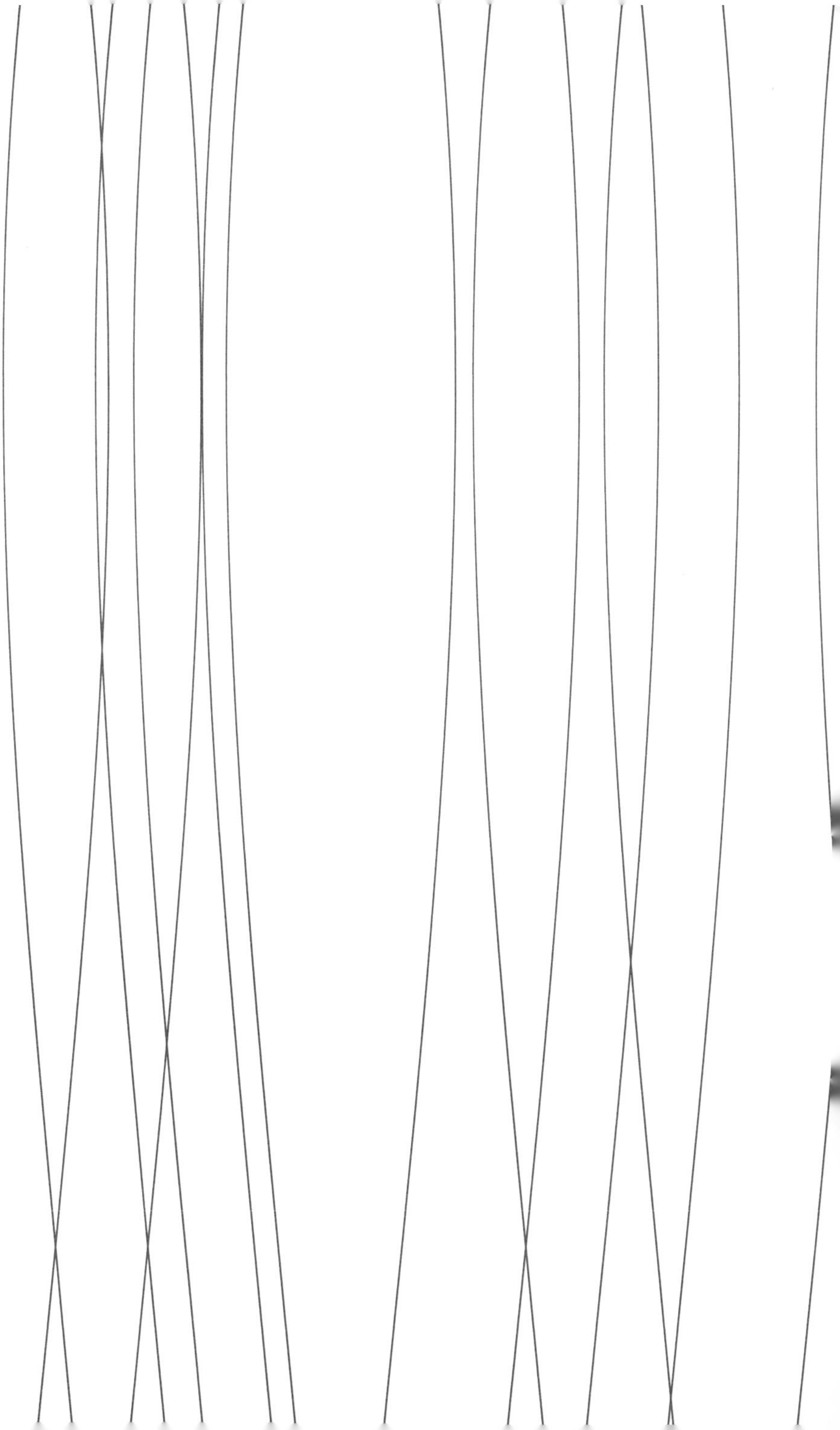

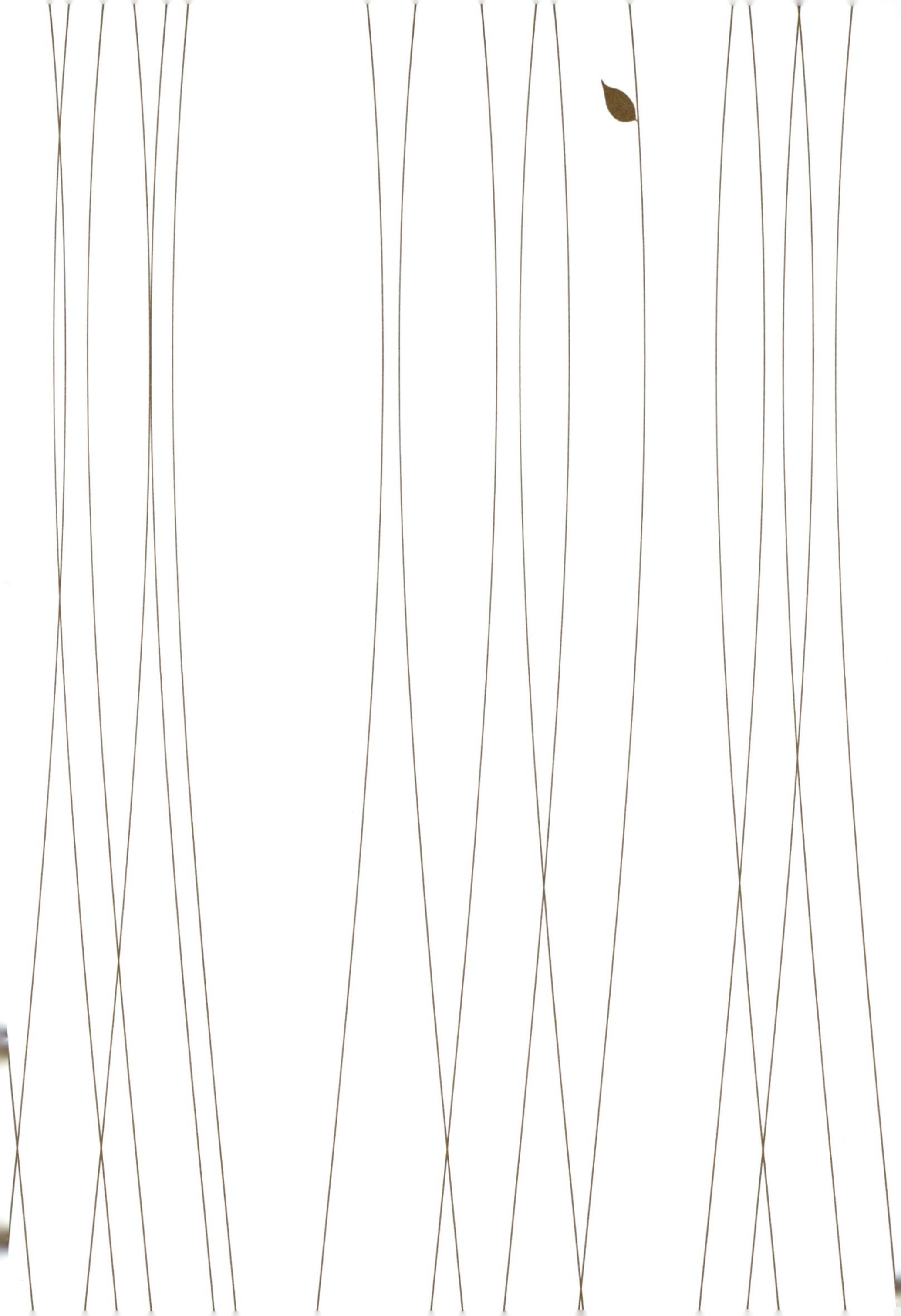